Fischzauber
Ein Kochbuch & mehr

SCHNELL

SCHNELL Buch & Druck
Warendorfer Lieblingsbücher

Impressum

Fischzauber
Ein Kochbuch & mehr

Rezepte von
Andrea Oppermann
Illustrationen und Titelbild von
H. J. Seeger

ISBN 3-87716-740-3
Warendorf, 2006

Verlag SCHNELL Buch & Druck GmbH & Co KG
Oststraße 24, 48231 Warendorf

Inhaltsverzeichnis

Gedanken zum Vorwort

„Fischzauber"!
Ein Wort, ein Begriff, der wahrlich viel
verspricht! - aber auch hält!
Die unglaublichen Möglichkeiten, die sich in
der Vielfalt der Fischküche bieten, scheinen trotz
immer neuer Rezeptideen noch nicht
ausgeschöpft.
Wie es auch meiner Kochweise entspricht, waren
mir einige Leitfäden sehr wichtig:
-Selbermachen darf nicht schwer sein,
-Rezepte müssen sich gut umsetzen lassen,
-Zutaten sollten im Haus, oder einfach zu
beschaffen sein.
Bedanken möchte ich mich bei meiner Familie,
meinem Mann Karsten, meinem Sohn Markus-
dem fleißigen Angler, und bei meiner Tochter
Lisa, für Ihre Geduld und Probierfreudigkeit!
Danke auch an alle, die mich unterstützt
haben, nicht nur mit Rat, sondern oft auch mit
Tat! Meine Mutter Anneliese, meine Freundinnen
Hildegard Seeger, Michaela Prechel, sowie
Gunda und andere mir nahe stehende
Menschen- Danke!

Warum Fisch auf keinem Speiseplan fehlen sollte

Fisch ist nicht nur als Eiweißlieferant kaum zu übertreffen. Dabei ist sein Fett besonders reich an ungesättigten Fettsäuren (Omega-3), die das Risiko vor Schlaganfällen, Herzinfarkten und Arteriosklerose stark mindern.
In dem Zusammenhang ist sehr interessant, dass diese Erkrankungen sehr viel weniger bei Japanern und Eskimos vorkommen, also Völkern, bei denen eine besonders fischreiche Ernährung zugrunde liegt.

Fischfleisch besteht aus Wasser, Eiweiß, Fett, Bindegewebe, Vitaminen, Mineralstoffen und Spurenelementen.

Weiter sind Fische reich an fettlöslichen Vitaminen, wie B6 und B12. Auch ist Fisch ein wichtiger Jodlieferant, das für unsere Fettverbrennung und Vitalität sehr wichtig ist.

Werteermittlung bezogen auf 100 Gramm

Fischart	Kalorien kCal	Eiweiß g	Fett g
Hering	214	18	14
Lachs frisch	217	20	14
Forelle	52	10	1
Barschfilet	88	18	1
Hechtfilet	93	21	0,7
Rotbarsch	125	21	4
Scholle	104	21	2
Karpfen	122	21	4
Makrele	210	21	13
Tunfisch	252	24	17
Miesmuschel	69	10	1
Hummer	88	19	0,9

Einkauf und Aufbewahrung

Der Einkauf sollte am Besten beim Händler Ihres Vertrauens erfolgen. Dort bieten sich auch oft Möglichkeiten, einmal eine besondere Fischsorte vorzubestellen.

Am Besten immer frisch auf den Tisch!

Wenn man einmal etwas Zeit überbrücken muss, dann sollte der Fisch immer im Kühlschrank aufbewahrt werden, und dort in einem Siebgefäß, da er nicht im eigenen Saft über längere Zeit liegen darf. Auch so verwahrt sollte er spätestens innerhalb eines Tages verbraucht werden!

Eine problemlose Bevorratung und Aufbewahrung bietet die Tiefkühlware. Meist ist sie bereits portioniert und schon nach kurzer Zeit aufgetaut. In vielen Geschäften gibt es eine große Auswahl an tiefgekühltem Fisch und Krustentieren.

S -S -S -S

Das steht für „Säubern", „Säuern", „Salzen" und „Stehen lassen".

Hier geht es ausschließlich um die Handhabung von Salzwasserfischen, oder entsprechenden Fischfilets.

Der Fisch soll gesäubert, abgespült und gut trocken getupft werden. Anschließend wird er ca. 15 Minuten in etwas Zitronensaft mariniert.

Durch die Vorbereitungsweise soll der nicht angenehme Fischgeruch etwas verringert werden und der Fisch wird etwas fester in der Konsistenz.

Je nach Rezept kommen auch aus Geschmacksgründen Marinaden zum Einsatz.

Verwendete Abkürzungen

Tl : Teelöffel
El : Esslöffel
g : Gramm
kg : Kilogramm
Msp : Messerspitze
ml : Milliliter
L : Liter

Temperaturtabelle für Backöfen

Alle Temperaturangaben im Buch beziehen sich auf Ober- und Unterhitze. Grundsätzlich sollte hierbei auch vorgeheizt werden. Hier eine kleine Tabelle für Umluft.

150° OBU = 140° Umluft   Temperaturangaben
160° OBU = 145° Umluft   für Gasöfen müssen
170° OBU = 155° Umluft   den Angaben der
175° OBU = 160° Umluft   Hersteller entnommen
180° OBU = 165° Umluft   werden!
190° OBU = 165° Umluft
200° OBU = 180° Umluft

Zu den Rezepten

Bei **Backofen**gerichten muss immer vorgeheizt sein! Das wird nicht immer extra erwähnt, sondern vorausgesetzt! Ausnahme: Anwendung von **Umluft**! Dort sind bereits nach wenigen Minuten die Gartemperaturen erreicht!

Die angegebenen **Mengen** in den Rezepten beziehen sich immer auf 4 Personen, ansonsten wird es entsprechend erwähnt.

Bei Rezepten aus dem Kapitel „Alles aufs Brot" (Heringssalate und Heringstöpfe) kann auch leicht eine volle Mahlzeit daraus gemacht werden, indem die Mengen erhöht und z.B. Pellkartoffeln o. Ä. dazu serviert werden.

Eine Erhöhung der Mengen macht auch bei manch einem Rezept aus dem Kapitel „Vorspeisen & Snacks" einen Hauptgang möglich.

Und nun viel Spaß beim Ausprobieren!

Alles aufs Brot

Dill-Krabbensalat

150 g Nordseekrabben, 2 El gehackter Dill, ½
Schalotte fein gewürfelt, 1 El Zitronensaft, 1 Ei,
150 ml Sonnenblumenöl, ½ Tl Salz, 1 Tl Zucker,
ein Zweig Dill zum Dekorieren.

Zitronensaft, Ei, Salz und Zucker in ein kleines
Mixbehältnis geben. Mit dem Passierstab auf
höchster Stufe vermengen. Nach und nach das
Öl dazu geben, bis alles eine cremige Konsistenz
aufweist. Krabben, Schalottenwürfel und Dill
untermengen. Mit dem Dillzweig dekoriert
anreichen.

Varianten: Für den puren Genuss den Dill
weglassen!

Tipps: Mit der Ölmenge wird die Festigkeit der
Mayonnaise bestimmt. Mehr- ist fester! Zum
Reduzieren der Kalorien nach dem Aufschlagen
etwas Naturjoghurt zugeben!

Eida´s Heringssalat

5 Matjesfilets, 5 hart gekochte Eier, 3 große
Gewürzgurken, 5 große Pellkartoffeln, 1 Glas
Sellerieschieben, 1 kleines Glas Rote Beete, 2
Minutensteaks vom Rind gut durchgebraten, 1
Gemüsezwiebel, 2 kleine säuerliche Äpfel, Essig,
Öl, Pfeffer und Salz.

Matjes in mundgerechte Stücke schneiden. Eier
und Kartoffeln pellen und würfeln. Gurken fein
würfeln. Sellerie abtropfen lassen. Steaks fein
würfeln. Rote Beete fein würfeln. Zwiebel schälen
und in kleine Würfel schneiden. Äpfel schälen
und in kleine Spalten schneiden.

In einer Schüssel alle Zutaten vorsichtig
vermengen und alles mit Essig, Öl, Pfeffer und
Salz abschmecken. Gut durchziehen lassen!

Tipp: Der Salat eignet sich sogar zum
Einfrieren!

Tammys Marokkanische Sardinencreme

1 Dose Ölsardinen ohne Haut und Gräten, 50 g weiche Butter, 1 kleine Zwiebel fein gehackt, 1 Knoblauchzehe gepresst, 1 Tl Zitronensaft, ½ Tl abgeriebene Schale einer unbehandelten Zitrone, 1 Prise Cayennepfeffer, schwarzer Pfeffer aus der Mühle.

Sardinen abtropfen lassen. Fein mit einer Gabel zerpflücken. Butter unterrühren. Zwiebel, Knoblauch, Zitronensaft, Zitronenschale dazugeben und gut vermengen. Die Gewürze unterrühren.

Tipp: Kann mit einer Zitronenspalte oder Scheibe dekoriert werden!

Hält sich in einem Gefäß im Kühlschrank 2 Tage!

Varianten: Kann auch mit fein gewürfelten schwarzen Oliven vermengt werden!

Roter Heringssalat

4 Bismarck-Heringsfilets, 2 Schalotten, 150 g
Rote-Beete-Salat aus dem Glas, 1 säuerlicher
Apfel entkernt und gewürfelt, 1 Ei, 1 Tl Zucker, ½
Tl Salz, 1 El Apfelessig, 150 ml SB-Öl.

Die Heringsfilets in mundgerechte Stücke
schneiden. Die Schalotten schälen und fein
würfeln. Den Rote-Beete-Salat abtropfen lassen,
dabei den Saft auffangen. Fischwürfel,
Schalottenwürfel, Rote Beete, 4 EL Saft und Apfel
in einer Schale vermengen.
In einem Mixgefäß Ei, Essig, Zucker und Salz gut
mit einem Passierstab aufschlagen.
Tröpfchenweise das Öl zugeben. Die Mayonnaise
untermengen und den Salat kühl aufbewahren.

Varianten: Man kann mit Würfeln von saurer
Gurke Abwechslung in den Salat bringen. Je
nach Geschmack zusätzlich, oder als Ersatz für
den Apfel.

Tunfischtatar

1 Dose Tunfisch in Öl, 1 kleine Schalotten fein gehackt, 1 Gewürzgurke klein gehackt, 1 Knoblauchzehe gepresst, 2 El Creme Fraiche, Kräutersalz, Pfeffer aus der Mühle, Paprikapulver, Chilipulver, frische Kresse.

Tunfisch abtropfen lassen und mit der Gabel fein zerdrücken. Zwiebelwürfel, Gurkenwürfel, Knoblauch und Creme Fraiche vermengen und pikant mit den Gewürzen abschmecken. Die Kresse leicht hacken und unterrühren.

__Variante:__ Statt Kresse frischen Knoblauch verwenden!

__Tipps:__ Passt zu Vollkornbrot, auf den Antipastiteller oder auf ein Bufett! Lecker dazu auch ein Glas Rotwein!

Eiersalat-Traum

6 hartgekochte Eier, 1 Tasse Cocktailshrimps, 1 kleine Dose Mandarinen, 100 g dünner Spargel aus dem Glas, Chilipulver, 1 El gehackte Walnüsse, 1 Ei, 150 ml Sonnenblumenöl, 1 Tl Zitronensaft, ½ Tl scharfer Senf, ½ Tl Salz, 1 Tl Zucker, etwas frische Petersilie zum Dekorieren.

Die Eier aus der Schale pulen und klein schneiden. Die Shrimps in einer beschichteten Pfanne ohne Fett 5 Minuten dünsten und erkalten lassen. Mandarinen in einem Sieb gut abtropfen lassen. Den Spargel in kleine Scheiben schneiden. Walnüsse rösten und erkalten lassen. Eier, Shrimps, Mandarinen, Spargel und Nüsse in einer Schale vermengen. In einem Rührgefäß mit einem Passierstab auf höchster Stufe das Ei mit Zitronensaft, Senf, Salz und Zucker aufschlagen. Nach und nach das Öl zugeben. Die Creme mit den anderen Zutaten vermengen und mit Chilipulver abschmecken. Mit Petersilie dekoriert anreichen.

Oma Birtes Heringssalat

1 Glas Bismarckheringe, 1 Becher Schmand, 1 Apfel, 1-2 Gewürzgurken, 1 Zwiebel, Salz, Pfeffer, Zucker.

Heringe abtropfen und in mundgerechte Stücke schneiden. Den Apfel schälen, entkernen und in dünne Stücke schneiden. Die Zwiebel abziehen und fein würfeln. Die Gewürzgurken in kleine Würfel schneiden.
Alles in eine kleine Schüssel geben und mit dem Schmand gut vermengen. Mit Salz, Pfeffer und Zucker abschmecken.

<u>Tipp:</u> Schmeckt nicht nur auf Brot, sondern auch zu Pellkartoffeln!

Matjes-Curry-Salat

4 Matjesfilets, 4 Frühlingszwiebeln, 1 Stück
frischer Ingwer (Walnussgröße), 200 g Möhren,
Cayennepfeffer, 1 Ei, 125 ml Öl, 1 Tl Senf, 1 Tl
Zitronensaft, 1 Tl Zucker, englischer Curry,
Kurkuma, ¼ Apfel fein gerieben.

Die Matjesfilets mit einem Küchenkrepp abtupfen
und in kleine mundgerechte Stücke schneiden.
Die Frühlingszwiebeln putzen und in feine
Ringe schneiden. Den Ingwer schälen und fein
reiben. Die Möhren putzen und fein raspeln. Den
Fisch zusammen mit allem Gemüse und dem
Ingwer in eine Schüssel geben.
Das Ei zusammen mit Senf, Zitronensaft und
Zucker in ein Mixgefäß geben. Mit einem
Passierstab auf höchster Stufe aufschlagen.
Dabei nach und nach das Öl zugeben, bis eine
cremige möglichst feste Konsistenz entstanden
ist. Die fertige Mayonnaise zum Salat geben. Gut
mit Cayennepfeffer, reichlich Curry und etwas
Kurkuma abschmecken. Zum Schluss den
geriebenen Apfel zufügen.
Passt zu Brot, Pellkartoffeln oder auf ein Buffet!

Apfel-Krabbensalat

200 g Nordseekrabben, 1 kleine Schalotte, 1 Apfel (z.B. Cox Orange), Pfeffer, Salz, 1 El Zitronensaft, 4 El milde Mayonnaise, 2 El geschlagene Sahne, 2 El Creme Fraiche, etwas frischer Dill zum Garnieren.

Die Zwiebel schälen und in feine Würfel schneiden. Den Apfel schälen und raspeln. Die Apfelraspel zügig mit 1 El Zitronensaft vermischen. Nordseekrabben mit Zwiebelwürfeln und Apfelraspeln vermischen. Die Mayonnaise mit der Creme Fraiche vermischen und unter den Salat geben. Alles gut mit Salz und Pfeffer abschmecken. Zum Schluss die geschlagene Sahne unterziehen und mit frischem Dill garnieren.

Tipp: Passt zu frischem Grau-, Schwarz- und Weißbrot!

Saurer Heringssalat

4 Bismarck-Heringsfilets, 1 Zwiebel, 1 Boskop-Apfel, 4 süß-saure Gewürzgurken, 1 kleines Glas Remouladensauce, 2 El Dill, Salz, Pfeffer aus der Mühle, Ahornsirup.

Die Heringsfilets in mundgerechte Stücke schneiden. Die Zwiebel schälen und in feine Würfel schneiden. Die Gewürzgurken in kleine, feine Würfel schneiden. Den Apfel schälen und in feine Stücke schneiden.

Fischstücke, Zwiebelwürfel, Apfelwürfel und Gewürzgurkenstücke in einer Schüssel vermischen. Die Remouladensauce mit dem Dill untermengen und alles gut mit Salz, Pfeffer und Ahornsirup abschmecken.

<u>Varianten:</u> Statt Remouladensauce Mayonnaise verwenden!

<u>Tipp:</u> Den Salat am Vortag zubereiten und eine Nacht im Kühlschrank durchziehen lassen!

Chrischans Matjes-Spezial

4 Matjesfilets, 1 Zwiebel, 2 Tomaten, 1 Gewürzgurke, 1 gelbe Paprikaschote, Olivenöl, Essig, Pfeffer, Salz, Ingwer gemahlen, 2 Lorbeerblätter, 4 Wacholderbeeren, Ahornsirup, etwas frischer Dill zum Garnieren.

Die Matjesfilets in fingerdicke Stücke schneiden. Die Zwiebel schälen und in „Viertel-Ringe" schneiden. Die Tomaten überbrühen, häuten, den Strunk und das flüssige Innere entfernen und das Fleisch würfeln. Die Paprikaschote halbieren, ausputzen, im Backofen übergrillen, häuten und das Fleisch würfeln. Die Gewürzgurke fein würfeln. Den Fisch mit Zwiebelstücken, Tomatenstücken, Paprikastücken und Gurkenwürfeln vermischen. Aus Olivenöl, Essig, Pfeffer, Salz und Ingwer eine Marinade aufschlagen und mit Ahornsirup abschmecken. Die Marinade, Lorbeerblätter mit Wacholderbeeren zum Salat geben und vermengen. Über Nacht im Kühlschrank durchziehen lassen. Vor dem Servieren Lorbeerblätter und Wacholderbeeren entfernen und mit Dill dekorieren.

Bunter Matjesstopf

4 Matjesfilets, 1 gelbe Paprikaschote, 2 Zwiebeln, 2 Frühlingszwiebeln, 3 El getrocknete Cranberries, 2 El Senfkörner, 1 El Pfefferkörner, 1 El Wacholderbeeren, ½ Salz, 200 ml Essig, 70 g Zucker, Sonnenblumenöl.

Zuerst Essig mit Zucker und ½ Salz, 1 El Senfkörnern, Pfefferkörnern und Wacholderbeeren aufkochen, bis sich der Zucker aufgelöst hat. Den Sud erkalten lassen. Die Paprika putzen, halbieren, mit der Schale nach oben im Backofen übergrillen, häuten und würfeln. Die Zwiebeln schälen und in halbe Ringe schneiden. Die Frühlingszwiebeln putzen und in feine Ringe schneiden. Die Cranberries halbieren. Die Matjesfilets in 2 cm große Stücke schneiden. Fisch mit Paprika, Zwiebeln, Frühlingszwiebeln, Cranberries und 1 El Senfkörner in eine Schale geben. Den Sud durch ein Sieb darüber geben. Alles locker vermengen und mit Öl auffüllen.

Tipp: Passt auf Brot und auf ein Buffet!

Schwedische Heringshappen-Variationen

Die nachfolgenden Rezepte haben ihren Ursprung in Schweden.

In nachfolgender Zusammenstellung sind alle für ein Essen zu Brot gedacht.

In ihren Ursprüngen werden sie in größerer Menge zu Pellkartoffeln und auf Bufetts mit Knäckebrot und verschiedenen anderen Brotsorten angeboten.

Gut passen diese Kreationen auch auf Fischbuffets.

Ein großes Plus:
Alle Rezepte lassen sich gut 1-2 Tage vorher zubereiten und sich so prima in einen Zeitplan für ein Essen oder Buffet einbauen!

Superlecker und nicht schwer!

Körniger Topf

300 ml milder Essig, 100 g Zucker, 3 Tl
Pfefferkörner, 4 EL Pimentkörner, 4
Lorbeerblätter, 4 frische Matjesfilets, 200 g
Zwiebeln.

Aus dem Essig zusammen mit Zucker,
Pfefferkörnern, 2 El Pimentkörnern und den
Lorbeerblättern einen Sud kochen und abkühlen
lassen. Die Matjesfilets in 2 cm große Stücke
schneiden. Die Zwiebeln schälen und in Ringe
schneiden. Die Fischstücke zusammen mit den
Zwiebelringen in ein Glas schichten. Den
kompletten Sud darüber gießen, so dass alles
vollständig bedeckt ist und im Kühlschrank alles
2 Tage durchziehen lassen. Vor dem Servieren
oben aufliegende Körner und die Lorbeerblätter
entfernen.

Gewürz-Sild

4 frische Matjesfilets, 250 ml Essig, 75 g Zucker,
100 g rote Zwiebeln, 75 g Möhren, 20 g frische
Ingwerwurzel, 15 g frischer Merrettich, 1 Tl
Pimentkörner, 1 El Senfkörner, 1 Lorbeerblatt.

Den Essig erhitzen und den Zucker dazu geben.
Dabei umrühren, bis sich der Zucker aufgelöst
hat. Pimentkörner, Senfkörner und Lorbeerblatt
zugeben und kurz aufwallen lassen. Den Sud
abkühlen lassen. Die Zwiebeln schälen und in
Ringe schneiden. Möhren putzen und in dünne
Scheiben schneiden. Ingwer und Meerrettich
schälen und in hauchdünne Scheiben schneiden
und noch etwas zerhacken. Die Fischfilets in 2
cm dicke Stücke schneiden. Den Fisch mit dem
Gemüse in ein Glas schichten und mit dem
kalten Sud begießen. Dabei muss alles mit dem
Sud bedeckt werden.
Im Kühlschrank 2 Tage durchziehen lassen.

Grüner Sild

6 frische Matjesfilets, 300 ml Essig, 125 g Zucker,
2 Lorbeerblätter, 150 g rote Zwiebeln, 2 große
Bunde Dill.

Den Essig mit dem Zucker und dem Lorbeerblatt
aufkochen. Dabei umrühren, bis sich der Zucker
aufgelöst hat. Die Zwiebeln schälen und in
Ringe schneiden. Beim Schälen darauf achten,
dass nicht so viel von der farblich interessanten
ersten Schicht zerstört wird.
Den Matjes in 2 cm große Stücke schneiden. Den
Dill hacken, dabei die ganz großen Stiele
aussortieren. Matjes, Zwiebeln und Dill in ein
Glas einschichten und alles mit dem Sud
begießen. Gut bedeckt im Kühlschrank 1-2 Tage
durchziehen lassen!

Sild mit Schuss

300 ml Essig, 100 g Zucker, 1 Tl Pfefferkörner, 1 Tl Aniskörner, 1 Tl Kümmel, 2 Pimentkörner, 3 Nelken, 3 Wacholderbeeren, Schale von 1 unbehandelten Zitrone, 100 g rote Zwiebeln, 6 frische Matjesfilets, 5 El Aquavit.

Pfefferkörner, Aniskörner, Kümmel, Pimentkörner, Nelken, Wacholderbeeren, Essig und Zucker zu einem Sud kochen. Dabei unter Rühren den Zucker auflösen. Die Zitronenschale fein hacken und zum Gewürzsud dazugeben. Alles abkühlen lassen. Die Zwiebeln schälen und in Ringe schneiden. Die Matjesfilets abspülen, trockentupfen und in mundgerechte Stücke schneiden. Die Zwiebeln mit dem Fisch in ein Glas schichten. Den Aquavit mit dem Sud vermischen und über den Heringstopf geben. Der Sud muss den Inhalt des Glases vollständig bedecken! Im Kühlschrank mindestens 1 Tag durchziehen lassen.

Sild mit Sherry

150 ml Rotweinessig, 150 ml trockener Sherry, 50 g brauner Zucker, 10 g scharfer Meerrettich, 25 g Ingwer, 4 Wacholderbeeren, 1 Tl Pimentkörner, ½ Tl schwarze Pfefferkörner, 200 g Zwiebeln, 6 frische Matjesfilets.

Ingwer schälen und in hauchdünne Scheiben schneiden. Die Zwiebeln schälen und in Ringe schneiden. Den Essig zusammen mit Sherry, Zucker, Meerrettich, Ingwer, Wacholderbeeren, Pimentkörnern und Pfefferkörnern aufkochen, bis der Zucker gelöst ist. Den Sud erkalten lassen. Die Matjesfilets abspülen, trockentupfen und in mundgerechte Stücke schneiden. Die Zwiebeln und den Ingwer zusammen mit dem Fisch in ein Glas geben. Den Sud darüber gießen, so dass alles gut bedeckt ist.
Im Kühlschrank 2 Tage durchziehen lassen.

Roter Hering

140 ml trockener Merlot, 220 ml Rotweinessig, 120 g brauner Zucker, 2 Lorbeerblätter, 2 ganze Nelken, 1 Tl schwarze Pfefferkörner, 1 El Senfkörner, 200 g rote Zwiebeln, 6 frische Matjesfilets.

In einem Topf den Merlot zusammen mit dem Rotweinessig, braunem Zucker, Lorbeerblättern, Nelken, Pfefferkörnern und Senfkörnern aufkochen bis der Zucker gelöst ist. Die Zwiebeln abschälen und in Ringe schneiden. Dabei darauf achten, dass nicht so viel von der ersten verwertbaren roten Schicht verloren geht.

Den Fisch abspülen und mit einem Küchenkrepp trockentupfen. Mundgerechte Stücke vorbereiten und alles zusammen im Wechsel mit den Zwiebelringen in einem Glas einschichten. Den erkalteten Sud darüber gießen, so dass alles gut bedeckt ist. Im Kühlschrank 2 Tage ziehen lassen.

Vorspeisen & Snacks

Räucherlachsecken (6 Personen)

6 Scheiben Buttertoast, Butter zum Bestreichen, 1 Zitrone unbehandelt, einige Salatblätter, Kräutermeersalz, 6 Scheiben Räucherlachs.

Die Toastbrotscheiben rösten, abkühlen lassen und dünn mit Butter bestreichen. Mit wenig Kräutersalz bestreuen. Von der Zitrone 12 Hauchdünne Scheiben abschneiden und an einer Seite einritzen.
Auf die Toastscheiben die Salatblätter auslegen. Darauf den Lachs drapieren. Die Scheiben diagonal durchschneiden. Eine Ecke auf einen kleinen Teller legen. Das 2te Brotstück mit einer Ecke der 3 Ecken in der Mitte der unteren Scheibe auflegen. Die Zitronenscheiben auseinander drehen und auf dem Lachs drapieren.

Tipp: Gut vorzubereiten!

Tunfischcarpaccio (2 Personen)

150 g frischer Tunfisch, je 1 Tl Saft und Schale
von einer Limette, 1 El neutrale Mayonnaise, 2 El
geschlagene Sahne, 2 El Creme Fraiche, 1 kleine
Knoblauchzehe gepresst, 1 kleine Chilischote,
Salz, einige sehr dünne Limettenscheiben,
dünne rote Paprikastreifen und Feldsalat zur
Dekoration.

Chilischote im Backofen übergrillen, häuten
und ausschaben. Limettensaft- und Schale,
Mayonnaise, Sahne, Creme Fraiche, Knoblauch
und Chilimark gut vermengen und mit Salz
abschmecken. Den Tunfisch 15 Minuten ins
Eisfach legen. Mit einem scharfen Messer in
hauchdünne Scheiben schneiden und auf 2
Tellern auslegen. Die Creme in 2 sehr kleine
Schälchen verteilen und auf jedem Teller
positionieren. Jeden Teller außen mit
Paprikastreifen, Feldsalat und Limettenscheiben
dekorieren und anreichen.

Tipp: Etwas geröstetes Brot dazu reichen!

Forellenmousse mit Buttertoast

200 g geräuchertes Forellenfilet, 1 Schalotte, 2 Knoblauchzehen, 100 g feinstielige Ruccola- blätter, 1 Becher Sahne geschlagen, 1 Becher Creme Fraiche, 3 Blatt Gelatine, 4 Scheiben Buttertoast, Butter, Salz und weißer Pfeffer.

Das Forellenfilet auf Gräten kontrollieren und zu einem feinen Brei zerhacken. Gelatine einweichen. Schalotte schälen und fein würfeln. Knoblauch schälen und durch eine Knoblauchpresse drücken. Ruccolablätter waschen und trockentupfen. Fisch, Knoblauch und Zwiebeln mit Creme Fraiche glatt rühren und mit Gewürzen abschmecken. Gelatine auflösen und unter die Fischmasse heben. Zügig die Sahne unterziehen und alles 30 Minuten kaltstellen. Toast von beiden Seiten dünn mit Butter bestreichen und in einer Pfanne beidseitig rösten. Diagonal durchschneiden. Brot auf einen Teller auslegen. Den Salat dazulegen. Von der Mousse einzelne Nocken abstechen und auf dem Salat dekoriert anreichen.

Lachstatar

300 g frisches Lachsfilet (gefroren geht auch), 2 Schalotten, 3 cm frischer Ingwer, 2 El Zitronensaft, 2 El Olivenöl, Butter, Salz, 4 Toastbrotscheiben.

Die Brotscheiben von beiden Seiten dünn mit Butter bestreichen und in einer beschichteten Pfanne beidseitig rösten. Diagonal durchschneiden. Etwas mit Salz bestreuen. Den Lachs entgräten und fein hacken. 10 Minuten in dem Zitronensaft marinieren. Dabei kalt stellen. Den Saft abgießen. Ingwer schälen und reiben. Zwiebeln schälen und sehr fein hacken. Lachs mit Zwiebelwürfeln, Ingwer und Olivenöl mischen und nochmals 10 Minuten kalt stellen. Auf kleinen Tellern die Brotscheiben verteilen. Von dem Tatar mit einem Löffel Nocken formen und auf den Tellern verteilen.

Tipp: Mit etwas Feldsalat dekorieren!

Tunfischtatar

1 Dose Tunfisch in Öl, 1 Zwiebel klein gehackt, 1 Gewürzgurke klein gehackt, 2 Knoblauchzehen, 2 El Creme Fraiche, Kräutersalz, Pfeffer aus der Mühle, Paprikapulver, Chilipulver, frische Kresse.

Den Tunfisch gut abtropfen lassen. Den Knoblauch schälen und durch die Presse drücken.
Tunfisch, Zwiebel, Gewürzgurke, Knoblauch und Creme Fraiche gut vermischen.
Den Tatar mit Kräutersalz, Pfeffer, Paprikapulver und Chilipulver pikant abschmecken. Zum Schluss die frische Kresse untermengen.

Tipp: Dazu passen gut geröstete Toastbrotecken!

Spinat-Lachs-Souffle`

200 g Blattspinat, 25 g Butter, 1 kleine Zwiebel gewürfelt, 1 Knoblauchzehe gehackt, 2 El Creme Fraiche, Pfeffer, Muskat, Salz, 3 Eigelb, 4 Eiweiß, 1 El Öl, 1 ½ El Mehl, 4 Tl Parmesan, 125 g Räucherlachs, Fett für die Formen.

Spinat waschen und verlesen. Butter in einem Topf zerlassen und Zwiebelwürfel und Knoblauch darin glasig dünsten. Spinat zugeben, den Topf abdecken und das Gemüse zusammenfallen lassen. Creme Fraiche zugeben und alles 7 Minuten kräftig einkochen. Den Lachs in feine Streifen schneiden. Die Spinatmasse mit Pfeffer, Muskat und Salz abschmecken. Alles mit einem Passierstab fein pürieren, das Eigelb zugeben und nochmals gut durchmengen. Das Eiweiß sehr steif schlagen und unter die Masse heben. Die Formen ausfetten, mit Mehl einstäuben, in jede Form 3 El Masse geben, den Lachs verteilen und die restliche Masse zugeben. Bei 220° 10 Minuten backen. Den Parmesan verteilen und nochmals 5 Minuten backen. Sofort servieren!

Frühlingsrollen mit Tiefseekrabben

1 Packung (Tk) fertige Frühlings-Rollen-Blätter ca 15x15 cm 50 Stück, 200 g Tiefseekrabben, 4 Lauchzwiebeln, 100 g frische Champignons, 100 g Möhren, 100 g Kürbisfleisch, 1 Tasse frische Bohnenkeime, 4 El Sojasauce, 4 El Sesamöl, 1 gute Messerspitze rote Currypaste, Öl zum Ausbacken.

Die Lauchzwiebeln putzen und in feine Ringe zerteilen. Champignons in feine Scheiben schneiden. Möhren und Kürbis putzen, schälen und fein raspeln. Vorbereitetes Gemüse mit den Bohnenkeimlingen und den Krabben in eine Schale geben. Sojasauce mit Sesamöl und Currypaste vermengen, die Sauce über das Gemüse geben, gut vermischen und 15 Minuten ziehen lassen. Die Füllung esslöffelweise auf eine Ecke der Teigblätter geben und aufrollen.
In eine beschichtete Pfanne 1/5 cm Öl geben und erhitzen. Darin die Röllchen ausbacken und auf einem Küchenkrepp abtropfen lassen. Sofort servieren!

Butterzauber

125 g Butter, 4 Eier, 6 Appetitsild, 1 kleine rote
Zwiebel, Pfeffer aus der Mühle, 1 El heller
Balsamicoessig, etwas frische Petersilie zum
Dekorieren, 1 Ciabattabrot zum Aufbacken.

Die Eier hart kochen und pellen. Die Butter in
der Mikrowelle erweichen. Die kleinen Appetitsild
grob mit einer Gabel zerpflücken und unter die
Butter mischen. Die Zwiebel schälen und
zusammen mit dem Essig und Pfeffer in die
Butter einarbeiten. Das Brot in Stücke schneiden
und im Backofen leicht rösten.
Die Butter auf die Scheiben aufteilen und damit
bestreichen. Die Eier in einem Eierschneider in
feine und gleichmäßige Scheiben schneiden und
die Brotscheiben damit belegen. Mit Petersilie
garniert anreichen.

Russisches Weihnachtsmousse

225 g Räucherlachs, 225 g geräucherter Stör,
225 g Sahne, 150 g Creme Fraiche, weißer Pfeffer
aus der Mühle, etwas Brunnenkresse.

Die Sahne steifschlagen. Die Creme Fraiche mit
etwas Pfeffer glatt rühren. Beides kühl stellen.

Den Lachs und den geräucherten Stör getrennt
in einer Moulinette oder in einem Mixer zu
einem feinen Püree zerkleinern. Das Lachspüree
vorsichtig mit der Sahne vermengen und das
Störpüree mit der Creme Fraiche glatt rühren.
Diese Vorgänge müssen zügig abgearbeitet
werden. Beides bis zum Servieren wieder kalt
stellen. Mit einem Löffel kleine Nocken abstechen
und diese auf kleinen Tellern anrichten. Je eine
diagonal durchtrennte geröstete Scheibe weißes
Toast dazu drapieren. Um die Nocken herum,
am Tellerrand, mit abgeschnittener Kresse
dekorieren. Exquisit!

Tipp: Für die besondere Dekoration etwas
Kaviar dazu nehmen!

Makrelencanapes

325 g geräucherte Pfeffermakrele, 1 El
Limettensaft und abgeriebene Schale einer
Limette, 200 g Frischkäse, 1 Schalotte gewürfelt,
Paprikapulver, Salz, bunter Pfeffer, 4 Scheiben
Vollkorntoastbrot, etwas frischer Dill.

Die Haut von der Makrele abziehen und den
Fisch von Restgräten befreien. Den Fisch
zusammen mit Limettensaft und -Schale in
einen Mixer geben. Esslöffelweise den Frischkäse
zugeben. In einer Schüssel die Fischmischung
mit den Zwiebelwürfeln vermengen und alles gut
mit buntem Pfeffer und Paprikapulver
abschmecken. Evtl auch mit etwas Salz
nachwürzen.
Vom Toastbrot den Rand entfernen, diagonal
durchschneiden, die Fischmischung in einen
Spritzbeutel geben und auf die Toastbrotecken
aufspritzen. Mit Dillzweigen dekoriert
anreichen!

Hummercocktail

200 g vorgefertigte Hummer- oder Krebsschwänze, Zitronensaft und -Schale, 1 kleine Dose Mandarinen, 2 frische Feigen, 3 El milde Mayonnaise, 3 El Tomatenketchup, Salz, Pfeffer aus der Mühle, 1 El gehackte Petersilie, 2 El Whiskey, Salatblätter.

Die Hummer- oder Krebsschwänze in kleinere Stücke zerteilen. Die Mandarinen über einem Sieb gut abtropfen lassen. Feigen abspülen, putzen und achteln. Die Hummerteile mit Mandarinen in eine Schüssel geben. Separat Mayonnaise mit Ketchup, Petersilie und Whiskey vermengen und mit Salz und Pfeffer abschmecken. Die Sauce zum Cocktail geben und alles mit wenig Zitronensaft und -Schale abschmecken. Cocktail- oder Weingläser mit Salatblättern auslegen. Bis auf 4 Stücke die Feigen vorsichtig unterheben und den Cocktail in die vorbereiteten Gläser füllen. Mit den Feigenstücken dekoriert anreichen.

Zitronensorbet mit Kaviar

Geriebene Schale von 2 unbehandelten Zitronen und einer Grapefruit, 1 ¼ Tassen Zucker, 2 Tassen Wasser, 3 El Pfefferminzgelee, 1 Tasse frischer Grapefruitsaft, 4 Scheiben milder Räucherlachs, 4 gehäufte Tl Kaviar, Blätter von Zitronenmelisse.

Zitrusschalen mit Zucker, Wasser und Pfefferminzgelee in einem Topf zum Kochen bringen. Kurz aufwallen lassen, den Topf vom Herd nehmen und völlig erkalten lassen. Den Grapefruitsaft unterrühren und einfrieren. 4 Stunden gefrieren lassen, dabei immer kurz aufrühren, so dass sich kleine Kristalle bilden. Auf kleine Teller zum Anrichten je eine Scheibe Lachs auslegen, je 2 Kugeln Eis darauf anrichten. Je ½ Tl Kaviar auf einer Kugel Eis dekorieren und mit Zitronenmelisseblättern belegen. Zügig anreichen!

Tipp: Passt gut als Zwischengang bei einem Menü, oder als kleine Vorspeise! **Variante:** Zubereitung des Sorbets in einer Eismaschine!

Pikante Jacobsmuscheln

75 g Butter, 3 frische Knoblauchzehen, 12 ausgelöste Jacobsmuscheln, 3 El gehackte Petersilie, Salz, Pfeffer, 8 Scheiben frisches Baguette.

Den Knoblauch abziehen und sehr fein hacken.

Die Butter in einer beschichteten Pfanne zerlassen, den Knoblauch zugeben und leicht in der Butter anbräunen.
Die Muscheln zugeben und bei leichter Hitze 5 Minuten in der Knoblauchbutter garen.
Auf 4 Tellern je 2 Scheiben Brot anrichten. Zur Dekoration 1 El Petersilie auf den Tellerrändern verteilen. 2 El Petersilie in die Pfanne geben und vermengen. Je 3 Muscheln mit etwas Butter auf den Tellern anrichten und servieren.

Tipp: Dazu einen leichten Weißwein reichen!

Scampi in Schokoladensauce

<u>Für die Scampis:</u> 1 kg rote Paprika, 12 Scampis, 200 ml Olivenöl, 1 El Paprikapulver, Tabascosauce, Salz und Pfeffer aus der Mühle, Öl zum Frittieren.

<u>Für die Sauce:</u> 2 Tomaten, 2 Bund Suppengemüse, 6 El Olivenöl, 20 ml Cognac, 100 ml trockener Weißwein, 100 ml Fischfond, 50 ml Sahne, 200 g Zartbitterkuvertüre, 2 Stangen Lauch.

Scampi aus der Schale lösen, die Schalen beiseite legen. Darmfaden entnehmen, die Scampi waschen und trocken tupfen. Paprika putzen, im Backofen übergrillen, die Haut abziehen und in Streifen schneiden. 1 El Olivenöl in eine Pfanne geben, die Paprika darin 3 Minuten anbraten, herausnehmen und gut abtropfen lassen. In einem Mixer Paprika mit Olivenöl zu einer feinen Paste pürieren. Mit Paprikapulver, Tabasco, Salz und Pfeffer abschmecken.

Die Scampischalen in einem Mörser zerreiben. Tomaten in kochendem Wasser überbrühen,

häuten und würfeln. Suppengemüse putzen und würfeln. Scampischalen mit Tomaten, und Suppengemüse in 4 El Olivenöl anbraten. Mit dem Cognac ablöschen und flambieren. Den Wein dazugeben und bei mittlerer Hitze einkochen lassen. Die Sauce durch ein Sieb passieren und erneut aufkochen. Den Fischfond und die Sahne zugeben und wieder etwas einkochen. Die Kuvertüre hacken, in einem Topf schmelzen und unter die Sauce rühren.

Lauch putzen und in feine Streifen schneiden. Im heißen Öl knusprig frittieren und auf einem Küchenkrepp entfetten. Das restliche Öl erhitzen und die Scampi darin braten.

Die Paste auf Tellern anrichten, die Scampi darauf legen und mit der Sauce umgießen. Die Lauchstreifen dazu dekorieren.

Ungewöhnlich, aber sehr lecker!

Der Aufwand lohnt sich für das besondere Gericht!

Salatbuffet

Fruchtiger Fischsalat

400 g Rotbarschfilet, 4 El Essig, 1 Zwiebel grob zerteilt, 3 Scheiben einer unbehandelten Zitrone, 2 Lorbeerblätter, 2 Nelken, Salz, 6 El Mayonnaise, 150 g Naturjoghurt, Salz, Zucker, 1 Dose Mandarinen, 1 großer unbehandelter Apfel gestiftet, 1 Banane in Scheiben, 3 El kleine kernlose Weintrauben, Pfeffer aus der Mühle, 2 El geröstete Mandelbättchen.

Das Fischfilet entgräten, waschen und trockentupfen. 750 ml Wasser, Essig, Zwiebel, Zitronenscheiben, Lorbeerblätter, Nelken und 1 Tl Salz in einem Topf vermengen und zusammen mit dem Fischfilet zum Sieden bringen. Nicht Kochen! Nach 8 Minuten den Topf vom Herd nehmen und den Fisch im Topf abkühlen lassen. Das Fischfilet trockentupfen und in grobe, nicht zu große Stücke zerteilen. Mayonnaise mit Joghurt, Mandarinen, Apfelstücken, Bananenscheiben und Weintrauben vermengen und den Fisch unterheben. Mit Salz, Zucker und Pfeffer abschmecken und mit Mandeln dekoriert anreichen!

Tunfischsalat

2 Tassen Reis, 1 Dose Tunfisch in Öl, 1 grüne Paprika, 2 Schalotten gewürfelt, 1 Ei, 1 El Zitronensaft, 175 ml Öl, ½ Tl Salz, 1 Tl Zucker, 1 El gehackte Petersilie.

Den Reis mit 4 Tassen Wasser bei abgedeckeltem Topf zum Kochen bringen. Sobald er kocht, die Herdplatte ausschalten. Den Topf auf dem Herd belassen. Anschließend den Reis erkalten lassen. Paprika putzen und in feine Würfel schneiden. Tunfisch aus der Dose nehmen, gut ausdrücken und etwas zerpflücken.
Ei, Zitronensaft, Salz, Zucker bei Raumtemperatur mit einem Passierstab auf höchster Stufe aufschlagen. Nach und nach das Öl in kleinen Mengen zugeben bis die Creme leicht dicklich ist. Reis, Tunfisch, Paprika und Schalottenwürfel vermengen und Creme unterheben. Mit Petersilie bestreut anreichen.

<u>Tipp:</u> Mit etwas Pfeffer aus der Mühle abschmecken!

Pikanter Krabbensalat (6-8 Pers.)

1 Kopf Eisbergsalat, 4 Knoblauchzehen, Salz, Pfeffer aus der Mühle, Chilipulver, 1 Tl geriebene Limettenschale, 4 El süße Sahne, 4 El Mayonnaise, 4 El Naturjoghurt, 2 El Dill gehackt, 175 g Nordseekrabben.

Die äußeren Blätter und den Strunk des Salatkopfes entfernen, halbieren und in kleine Stücke schneiden. Mit den Händen noch etwas zerpflücken. Knoblauch schälen und fein hacken. Knoblauch mit Sahne, Mayonnaise, Joghurt, Dill, Limettenschale und Krabben mischen. Mit Salz, Pfeffer und Chilipulver gut abschmecken. Die Krabbensauce 20 Minuten durchziehen lassen und anschließend alles locker mit dem Eisbergsalat vermengen.

Tipp: Dazu frisches Baguettebrot reichen!

Passt prima auf ein Buffet!

Grüner Traum

1 kg grüner Spargel, Salz, 200 g geräucherter Lachs, 150 g Bärlauchblätter, 1 Paket Kresse, 75 ml Kürbiskernöl, 2 El dunkler Balsamicoessig, 1 El Akazienhonig, Salz, Pfeffer aus der Mühle.

Die Spargelstangen der Länge nach dritteln. Mit 4 El Wasser und etwas Salz in einer beschichteten Pfanne abgedeckt 12 bis 15 Minuten dünsten. Gut abtropfen lassen und auf 4 Teller verteilen. Den Lachs in Streifen schneiden und verteilen. Den Bärlauch waschen, entstielen, in feine Streifen schneiden und verteilen. Die Kresse mit einer Schere schneiden und darüber streuen. Das Kürbiskernöl mit Essig und Honig aufschlagen und mit Salz und Pfeffer aus der Mühle abschmecken. Das Dressing kurz vor dem Anrichten über den Salat träufeln.

Variationen: Wenn kein Bärlauch erhältlich ist, etwas mehr Kresse verwenden. Auch feinstieliger Ruccola schmeckt lecker dazu!
Tipp: Dazu etwas geröstetes Weißbrot reichen!

Salatmix mit Forellenmousse

½ Kopf Lollo Rossa, ½ Kopf Lollo Bionda, 1 Portion Ruccola-Salat, 2 Bund Radieschen, 4 geräucherte Forellenfilets, Schale von einer Zitrone, Pfeffer aus der Mühle, evtl. Salz, 300 ml Sahne.

Den Salat gründlich waschen und in einer Salatschleuder trocken schleudern. Die Radieschen putzen und vierteln. Den Salat grob zerpflücken und in eine passende Salatschüssel geben. Bis auf 3 El auch die Radieschen untermischen. Die Forellenfilets in einem Mixer fein pürieren. Die Sahne steif schlagen. 2 El Sahne mit Forellenmasse und Zitronenschale glattrühren. Geschlagene Sahne und Forellenmasse vermengen. Gut mit frisch gemahlenem Pfeffer abschmecken. Die Forellenmousse kurz vor dem Servieren über den Salat geben und mit restlichen Radieschen dekorieren.

Tipp: Dazu passt frisch aufgebackenes Weißbrot!

Tintenfischsalat

500 g Tintenfischtuben, 2 Knoblauchzehen gehackt. 1 Bund Frühlingszwiebeln, 2 rote Zwiebeln, 200 g Möhren, 1 rote Paprika, 1 El Pfefferkörner, Salz, Chiliflocken, 2 El Limettensaft, 10 El Olivenöl, 1 Tasse Fischfond (ersatzweise leichter Geflügelfond).

Die Tintenfischtuben gut abspülen und in Ringe schneiden. Die Frühlingszwiebeln abziehen und würfeln. Zwiebeln schälen und in Ringe schneiden. Möhren putzen und in feine Stifte raspeln, Paprika putzen und in feine Streifen schneiden. Das Gemüse in einer Salatschüssel mischen. In einer Pfanne 4 El Olivenöl leicht mit Knoblauch erhitzen. Die Tintenfischringe mit Pfeffer zugeben, vermischen, mit Fond ablöschen, abdecken und 10 Minuten bei mittlerer Hitze garen. Im Sud etwas erkalten lassen. Gut abtropfen und ohne Pfeffer zum Salat geben. Restliches Olivenöl mit Limettensaft mischen und unter den Salat geben. Mit Salz und Chiliflocken abschmecken.

Gemüseplatte mit Krebsfleischdip

Dipp: 2 Dosen Krebsfleisch (zus. 500 g), 500 g weichen Frischkäse, 80 g Mayonnaise, 1 Bund Schnittlauch gehackt, weißer Pfeffer.
Gemüse: 6 Stangen Bleichsellerie, 4 Möhren, je 1 rote, grüne und 1 gelbe Paprika, ½ Rettich.

Das Krebsfleisch gut abtropfen lassen. In einer Rührschüssel das Krebsfleisch und den Frischkäse mit einem Handmixer gut vermengen. Die Mayonnaise und den Schnittlauch untermengen und den Dipp mit weißem Pfeffer abschmecken. Im Kühlschrank 2 Stunden kalt stellen. Das Gemüse waschen, putzen und in Streifen schneiden. Kurz vor dem Servieren das Gemüse farblich angeordnet auf einer Platte anrichten und den Dipp in einer kleineren Schale in der Mitte der Platte platzieren.

Tipp: Dazu frisches Baguette servieren!

Das Rezept stammt von einer lieben Freundin aus den USA! Krebsfleisch gibt es im Asiashop. Alternativ frisches Krebsfleisch garen!

Indonesischer Salat

<u>Salat:</u> 2 kg Garnelen (TK oder frisch), 6 dicke Scheiben Schinkenspeck, 3 große reife Mangos, 2 reife Avocados.
<u>Dressing:</u> 2 El saure Sahne, 1 Dose Mangopüree (oder 1 reife Mango mit ½ Tl Zitronensaft pürieren), 50 ml Limonensaft, 1 El süße Chilisauce, Salz, Pfeffer.

Garnelen schälen, den Darm entfernen und in wenig Wasser 6-8 Minuten garen. Abtropfen lassen. Den Schinkenspeck fein würfeln, in einer Pfanne knusprig braten und auf einem Küchenkrepp entfetten. Die Mangos schälen, entkernen und das Fleisch in kleine Spalten schneiden. Die Avocados schälen, entkernen und in Spalten schneiden.
Für das Dressing saure Sahne, Mangopüree, Limonensaft und Chilisauce gut verquirlen und mit Salz und Pfeffer abschmecken. Auf einer Platte die Mangospalten, Avocados und die Garnelen anrichten. Mit Speck bestreuen und das Dressing darüber verteilen.

Spinatsalat mit Räucherlachs

200 g frischer Spinat, 3 Möhren, 75 g Walnusskerne, 150 g Räucherlachs, ½ Bund Petersilie, 1 kleine Zwiebel, 4 El Weinessig, Salz, Pfeffer aus der Mühle, 3 El Walnussöl.

Den Spinat waschen und in einer Salatschleuder trocken schleudern. Anschließend verlesen. Die Möhren putzen und raspeln. Die Nüsse in einer beschichteten Pfanne leicht anrösten und anschließend zerdrücken. Den Spinat auf einer Platte oder in einer Schüssel anrichten, darauf die Möhrenraspel verteilen. Den Lachs in Streifen schneiden und auf dem Spinat gleichmäßig verteilen. Die Nüsse aufstreuen.
Die Zwiebel schälen und in sehr feine Würfel schneiden. Zwiebelwürfel mit Essig, Salz und Pfeffer vermischen. Das Öl untermengen und das Dressing über den Salat träufeln.

Tipp: Dazu Weißbrot reichen!

Varianten: Statt Spinat- Ruccola oder Feldsalat verwenden!

Aus der Sauciere

Senf-Hollandaise

100 g Butter, 4 Eigelb, Salz, Pfeffer aus der Mühle, 2 Tl Zitronensaft, 3 El Weißwein, 2 Tl mittelscharfer Senf, 2 Tl süßer Senf, Zucker, etwas Dill.

Einen Topf mit Wasser erwärmen, sodass das Wasser kurz vorm Siedepunkt ist. In einer Edelstahlschüssel im Wasserbad Eigelb mit Salz, Pfeffer, Zitronensaft, Weißwein, Senf und 1 Prise Zucker gut mit einem Schneebesen aufschlagen. Unter ständigem Rühren alles zu einer dicklichen Creme aufschlagen.
Die Butter schmelzen, z.B. in der Mikrowelle, und nach und nach unter die Eiermasse geben. Dabei weiter beständig aufschlagen.

Möglichst zügig servieren!

Tipp: Passt zu allem gebratenen Fisch. Besonders zu Seezungen- und Schollenfilets!

Sabrinas Soße für Fischfilets

2 Zwiebeln, 3 El Olivenöl, 2 Tassen Weißwein, 1 Stück frischer Ingwer, 100 ml Sahne, Safran, 2 Pfirsichhälften, 1 Banane, 3 El Cashewnüsse, Salz, Pfeffer aus der Mühle, 1 El Speisestärke.

Die Zwiebeln abziehen und fein würfeln. Den Ingwer schälen und zum Reiben vorbereiten. Die Pfirsiche in kleine Würfel schneiden. Die Banane in feine Stifte schneiden. Die Nüsse nur grob zerdrücken und in einer beschichteten Pfanne leicht anrösten. Die Zwiebelwürfel mit dem Olivenöl in einen Topf geben und glasig dünsten. Mit dem Wein ablöschen und Sahne zugeben und alles 10 Minuten leicht köcheln lassen. Früchte und Nüsse einrühren. Den Ingwer in die Sauce reiben, dabei die Menge nach dem Geschmack bestimmen. Mit Safran, Salz und Pfeffer abschmecken. Die Stärke mit etwas Wasser verrühren und die Sauce damit binden.

Eine tolle Sauce für Fischfilets!

Andalusische Sauce

6 El milde Mayonnaise, 2 El Tomatenmark, schwarzer Pfeffer aus der Mühle, 2 Knoblauchzehen, 1 rote Paprika, 1 kleine rote Chilischote, 1 Tl Zitronensaft, Salz.

Den Knoblauch abziehen und fein hacken. Paprika und Chilischote putzen und im Backofen übergrillen und enthäuten. Die Paprika in feine Streifen schneiden. Chilischote zu einer feinen Masse zerkleinern. Mayonnaise mit Tomatenmark, Knoblauch, Paprika und Zitronensaft vermischen. Die Sauce mit schwarzem Pfeffer, Chilimark und Salz abschmecken.

Passt zu kalten Fischspeisen oder auch zu gebratenem Fisch!

Tipp: Das Rezept verbirgt einige Schärfe! Vorsicht beim Würzen!

Tatarenremoulade

3 Eier, 125 ml Öl, 1 Tl Senf, 1 Tl Zucker, ½ Tl Salz,
1 Tl Zitronensaft, 1 El geraspelter Apfel, 1 El
Kapern, 1 Saure Gurke, 1 Schalotte, 1 El gehackte
Petersilie, Pfeffer aus der Mühle, Rosenpaprika.

2 Eier hart kochen, pellen, erkalten lassen und
mit einem Messer zerhacken.
1 Ei in ein Rührgefäß geben. Senf, Zucker, Salz
und Zitronensaft zugeben und mit einem
Passierstab auf höchster Stufe aufschlagen. Nach
und nach das Öl zugeben bis eine dickliche
Creme entstanden ist.
Die Gurke in feine Würfel schneiden. Die
Schalotte schälen und fein würfeln. Eiermasse,
Kapern, Apfelraspel, Petersilie, Gurken- und
Schalottenwürfel unter die Mayonnaise geben
und gut mit Pfeffer und Rosenpaprika
abschmecken. Evtl noch mit etwas Salz
nachwürzen.

Passt zu frittiertem und gebratenem Fisch. Auch
über Fischsalaten sehr lecker!

Dillsauce de Luxe

2 Zwiebeln, 200 ml trockener Weißwein, 150 ml
Sahne, 2 Eigelb, 2 Tl Speisestärke, 3 El gehackter
Dill, Salz, weißer Pfeffer aus der Mühle.

Die Zwiebeln schälen und fein würfeln. Die
Zwiebelwürfel mit dem Wein 3-4 Minuten
dünsten.
Sahne mit Eigelb und Speisestärke gut verquirlen
und zügig unter die Weinsauce rühren. Nur
einmal aufkochen. Bis zu diesem Zeitpunkt
ständig kräftig mit einem Schneebesen
aufschlagen. Den Dill untermengen und die
fertige Sauce gut mit Salz und Pfeffer
abschmecken.

Passt zu gekochtem, gedämpftem oder
gedünstetem Fisch, Hummer und Krabben!

<u>Variante:</u> -Statt Dill Petersilie verwenden!

Schwedische Sauce

2 Boskop-Äpfel, 1 El geriebener Meerrettich, 1 Tl
Zitronensaft, 1 Becher Sahnejoghurt, 4 El
Mayonnaise, Salz, Pfeffer aus der Mühle, Zucker.

Die Äpfel schälen, entkernen und fein raspeln.
Apfelraspel mit Meerrettich, Zitronensaft,
Joghurt und Mayonnaise gut vermengen. Mit
Salz, Pfeffer und wenig Zucker abschmecken.

Passt zu frittiertem Fisch und für Fischsalate!

Cocktailsauce

4 El süße Sahne steifgeschlagen, 6 El milde
Mayonnaise, 4 El Tomatenketchup, 2 El Whisky, 1
Tl Zitronensaft, Salz, Tabasco, Estragon, ½ Tl
geriebene Orangenschale.

Mayonnaise mit Ketchup, Whisky, Zitronensaft
und Orangenschale glattrühren. Sahne
untermengen und mit Gewürzen abschmecken.
Passt zu allen Schalentieren!

Saucen zu Matjesfilets

Schmand-Käse-Sahne

1 Becher Schmand, 4 El frisch geriebener Parmesan, Pfeffer aus der Mühle, Salz, 1 Knoblauchzehe gepresst, 1 Becher Sahne geschlagen.

Den Schmand mit Parmesan und Knoblauch 5 Minuten cremig rühren. Mit Pfeffer und wenig Salz abschmecken und die Sahne unterheben.

Kräuterfix

4 El milde Mayonnaise, 1 Becher Creme Fraiche, 4 El gemischte Kräuter, 1 Tl Zitronensaft, Salz, Pfeffer aus der Mühle, 1 Schalotte gewürfelt.

Die Mayonnaise mit Creme Fraiche, Kräutern, Zwiebelwürfel und Zitronensaft glatt rühren. Mit Pfeffer und wenig Salz abschmecken.

Currytraum

1 Becher Schmand, 1 Boskop-Apfel, ½ Banane, 1 Schalotte, ½ Tl Zitronensaft, 1 El Butter, 4 El Mayonnaise, 1 El englischer Curry, Salz, Zucker, ½ Tl geriebener Ingwer.

Den Apfel schälen, entkernen und in ½ cm dünne Scheiben schneiden. die Butter zerlassen und den Apfel darin 5 Minuten bei mittlerer Hitze dünsten. Herausnehmen und abkühlen lassen. Die Schalotte abziehen und würfeln. Die Zwiebelwürfel in der Apfelpfanne 5 Minuten dünsten und ebenfalls erkalten lassen.

Den Schmand mit der Banane und dem Zitronensaft pürieren. Die Mayonnaise, den Curry und den Ingwer zugeben und vermengen. Vorsichtig die Apfelstücke, damit sie nicht alle zerfallen, und Zwiebeln untermengen. Alles mit Salz und Zucker abschmecken.

Tipp: Lässt sich gut vorbereiten und schmeckt sogar noch besser eine Nacht im Kühlschrank durchgezogen!

Tomaten-Sherry

1 kg reife Tomaten, 2 Zwiebeln, Salz, 1 Bund glatte Petersilie, 6 cl Sherry-Medium, 1 kleine Chilischote, 6 El Olivenöl, 1 Bund glatte Petersilie.

Die Tomaten in kochendem Wasser schnell überbrühen und mit kaltem Wasser abschrecken. Die Haut abziehen, Tomaten würfeln und dabei den Strunk entfernen. Die Zwiebeln abziehen und würfeln. Die Chilischote im Backofen übergrillen, die Haut abziehen und das Fleisch fein würfeln. Die Petersilie waschen, trockenschütteln, die Blätter von den Stielen zupfen und fein hacken. Das Öl in eine Pfanne geben, die Zwiebeln zugeben und 5 Minuten glasig dünsten. Anschließend herausheben, so dass möglichst viel Öl in der Pfanne bleibt. Die Hälfte der Tomaten mit dem Sherry 20 Minuten bei mittlerer Hitze leicht einkochen. Vom Herd nehmen und restliche Tomaten, Zwiebeln, Chili und Petersilie zufügen. Mit wenig Salz abschmecken und erkaltet zum Matjes reichen.

Sauce zu geräuchertem Lachs

3 El mittelscharfer Senf, 2 El flüssiger Honig, 1 Tl
Senfpulver, 1 großes Bund Dill.

Die Dillzweige abzupfen und fein hacken. Senf,
Senfpulver und Honig gut vermengen und den
Dill unterziehen.

Annelieses Lachssauce

225 g Creme Fraiche, Salz, weißer Pfeffer aus der
Mühle, 1 El flüssiger Honig, 2 gehäufte El grober
Dijonsenf, 1 Tl Senfpulver, 1 Bund Dill gehackt.

Creme Fraiche mit Honig, Senf, Senfpulver und
Dill zu einer homogenen Masse rühren. Alles gut
mit Salz und Pfeffer abschmecken.

Passt zu Lachs und Pellkartoffeln!

Suppenzauber

Schnelle Krabbensuppe

175 g Nordseekrabben, 1,2 l Brühe, 300 g mehlige Kartoffeln, 1 Bund frischer Dill gehackt, Salz, Pfeffer, etwas geschlagene Sahne als Garnierung.

Kartoffeln schälen, würfeln und in der Brühe weichkochen. Alles mit einem Passierstab fein pürieren. Den Dill zugeben und die Krabben einrühren. Nicht mehr kochen!
Mit Salz und Pfeffer abschmecken und mit Sahnehaube servieren!

Variation: 100 ml Sahne einrühren!

Tipp: Die Suppe in vorgewärmten Tellern oder in einer vorgewärmten Suppenterrine servieren!

Hafensuppe

750 g Fischfilet in Würfeln, 1,5 l Fleischbrühe, 1 Zwiebel gewürfelt, 1 Bund Suppengemüse in feinen Streifen, 2 Knoblauchzehen fein gehackt, 2 El Rapsöl, Cayennepfeffer, 2 El gehackte Petersilie.

Öl in einen Topf geben und das Gemüse darin leicht andünsten. Die Hälfte der Brühe dazu geben und alles 10 Minuten nur leicht köcheln lassen. Die andere Hälfte in einem zweiten Topf zum Sieden bringen und den Fisch darin garen. Nicht kochen! Die Würfel aus der Brühe nehmen. Die Fischbrühe durch ein Sieb zur Gemüsebrühe geben und mit Cayennepfeffer abschmecken. Kurz vor dem Servieren die Fischwürfel in die Suppe geben und mit Petersilie bestreut anreichen!

Tipp: Dazu frisches Graubrot reichen!

Variante: Statt Petersilie Dill verwenden!

Bärlauchsuppe mit Krabben

450 g Bärlauch, 300 ml Milch, 700 ml klare Fleischbrühe, 200 g Krabben, 1 Kartoffel (50 g), 1 El Butter, 1 Becher Creme Fraiche, Salz, Pfeffer, frisch geriebene Muskatnuss.

Bärlauch waschen, trocken schwenken und in feine Streifen schneiden. 2 El davon zur Seite stellen. Kartoffel schälen und fein würfeln. Butter in einem Topf zerlassen, den Bärlauch mit den Kartoffelwürfeln darin gut andünsten und mit der Brühe ablöschen. 15 Minuten köcheln lassen. Alles mit dem Passierstab fein pürieren. Die Milch zugeben, alles gut erhitzen und mit Salz, Pfeffer und frisch geriebener Muskatnuss abschmecken. Die Krabben zugeben, 3 Minuten ziehen lassen. Mit Bärlauchstreifen dekoriert anreichen.

Variante: Statt Krabben 175 g Räucherlachs in feine Streifen schneiden und vor dem Servieren 5 Minuten ziehen lassen! Auch sehr lecker!

Tammy´s Fischsuppe (6 Pers.)

500 g Kabeljau, 500 g Seelachs, Zitronensaft, 150 g Krabben, 4 El Muscheln, 400 g Tomaten, 2 große Zwiebeln, 1 große Stange Porree, 6 Knoblauchzehen, 1 Tl Salz, 3 gehäufte Tl Brühe, 2 Tl Curcuma, Pfeffer, 2 Lorbeerblätter, Thymian, ½ Tl Rosmarin, 400 ccm Weißwein, 600 ccm Wasser, 1/8 l Olivenöl, 2 El gehackte Petersilie.

Den Fisch nach 4-S-Methode vorbereiten, abtropfen lassen und in mundgerechte Stücke würfeln. Tomaten würfeln, vorher den Strunk entfernen. Zwiebeln schälen und fein würfeln. Porree waschen und in feine Ringe schneiden. Knoblauch abziehen und fein hacken. Das Öl erhitzen. Zwiebeln, Knoblauch und Porree 5 Minuten andünsten. Tomatenwürfel und die Gewürze zugeben. Gut aufkochen lassen und mit Wein, Wasser und Brühe ablöschen. 5 Minuten köcheln lassen. Muscheln und Kabeljau zugeben. Nach 5 Minuten Seelachs und Krabben untermengen. Ein paar Minuten ziehen lassen. Mit Petersilie bestreut anreichen.

Schnelle Krebssuppe

200 g Nordseekrabben, 2 Tassen kleinste Blumenkohlrosen, 2 Tassen feine TK-Erbsen, 1 l Brühe, 1 Becher Sahne, etwas geschlagene Sahne, 4 El Krebssuppenpaste, Salz, Pfeffer.

Blumenkohl und Erbsen jeweils separat voneinander garen, so dass sie noch einen leichten „Biss" haben. Die Brühe erhitzen und die Krebssuppenpaste unter Rühren darin auflösen. Flüssige Sahne darin einrühren. Einige Minuten leicht köcheln lassen. Gemüse und Krabben zugeben und kurz ziehen lassen. Mit Salz und Pfeffer abschmecken. Vor dem Servieren mit geschlagener Sahne dekorieren und sofort anreichen.

Tipp: Suppenterrine oder auch die Suppenteller vor dem Servieren leicht anwärmen! Die Suppe bleibt so angenehm heiß.

Knoblauchsuppe mit Fisch

8 Knoblauchzehen, 400 g Seelachsfilet, Zitronensaft, 200 g Zwiebeln gewürfelt, 4 El Olivenöl, 1 Dose Tomaten, Salz, Zucker, Chiliflocken, Thymian, Instantbrühe, je 1 Tasse Wasser und Weißwein, gehackte Petersilie.

Den Fisch vorbereiten und mit Salz und Zitronensaft 15 Minuten stehen lassen. Den Knoblauch abziehen und in feine Scheiben schneiden. Das Öl in einem Topf erhitzen. Den trocken getupften Fisch darin gar dünsten, heraus nehmen und mit einer Gabel leicht in seine Bestandteile auseinander ziehen. In dem Öl die Zwiebeln und Knoblauch glasig dünsten. Die Tomaten mit Saft, Wasser und Wein zugeben. Tomaten im Topf mit einem Stampfer zerdrücken. Alles gut erhitzen und 10 Minuten leicht köcheln lassen. Mit Salz, Zucker, Chili, Thymian und Brühe abschmecken. Den Fisch einrühren und mit Petersilie bestreut servieren.

Tipp: Dazu etwas Weißbrot reichen!

Erbsschaumsuppe mit Räucherfisch

400 g feine TK Erbsen, 800 ml Gemüsebrühe, ½ Tasse Prossecco, 1 Becher Sahne, Pfeffer aus der Mühle, ½ Bund glatte Petersilie, 175 g Räucherfisch nach Geschmack.

Die Erbsen mit der Hälfte der Gemüsebrühe bei mittlerer Hitze 5 Minuten leicht köchelnd garen. Mit einem Passierstab fein pürieren. Die Sahne steifschlagen. Die Petersilienblätter von den Stängeln zupfen und hacken.
Den Fisch in feine Streifen schneiden. Die restliche Brühe zum Erbspüree geben. Den Prossecco und die Hälfte der Sahne unterziehen und alles gut mit Pfeffer abschmecken. Kurz vor dem Servieren die Sahne auf die Suppe setzen, zügig mit Fisch belegen und alles mit Petersilie bestreut anreichen.

Räucherfischvarianten:
Schillerlocken- besonders exklusiv! Forellenfilets, geräucherte Pfeffermakrelen und Lachs sind auch sehr lecker!

Sommersuppe

500 g Zucchini, 750 ml Gemüsebrühe, 1 Kartoffel, 350 g frisches Seelachsfilet, 2 El Limettensaft, 4 getrocknete Tomaten, Pfeffer aus der Mühle, Salz, 4 Knoblauchzehen gehackt, 3 El Olivenöl.

Die Kartoffel schälen und fein würfeln. Die Zucchini putzen, fein würfeln und bis auf 6 El mit der Kartoffel in der Brühe weichkochen. Das Seelachsfilet waschen, trocken tupfen, auf Restgräten überprüfen, in mundgerechte Stücke schneiden und in Limettensaft marinieren. Die Tomaten sehr fein würfeln.
Die Zucchini-Kartoffel-Brühe fein pürieren. In einem kleinen Topf den Knoblauch im Öl glasig dünsten und mit Tomaten und restlichen Zucchiniwürfeln zur Suppe geben. Mit Pfeffer abschmecken und auf kleiner Flamme garen. Das Fischfilet abtropfen und in der Suppe garziehen lassen.

Tipp: 4 Tl Creme Fraiche mit 1 El Sahne glattrühren und vor dem Servieren auf die Suppe setzen!

Bouillabaisse

3 El Öl, 1 Gemüsezwiebel in Scheiben, 2 Knoblauchzehen zerdrückt, 400 g Tomaten aus der Dose, 200 ml Fischsud, 12 El gehackte Petersilie, Salz, Pfeffer, 1 Bund Suppengrün, 250 g Sankt-Peters-Fisch, 300 g Rotbarsch, 150 g Lachsfilet, 150 g Seewolffilet, 200 g Schollenfilet, Petersilie zum Garnieren.

Die Fischfilets abspülen, auf Restgräten prüfen und in mundgerechte Stücke schneiden. Öl erhitzen und Zwiebel und Knoblauch darin glasig dünsten. Suppengrün putzen, fein würfeln und zusammen mit Tomaten (incl. Saft) und Fischfond in den Topf geben. 15 Minuten köcheln lassen, Petersilie zugeben und mit Salz und Pfeffer abschmecken. Sankt-Peters-Fisch und Rotbarsch zugeben und 5 Minuten garen. Dann Lachs und Seewolf zugeben und weitere 5 Minuten garen. Zum Schluss Scholle zugeben und leicht köcheln lassen, bis alle Fischsorten gar sind. Überflüssiges Suppengrün entfernen und mit Petersilie dekoriert servieren.
Dazu frisches Baguette reichen!

Dillzauber

2 Bund Dill, 2 Zwiebeln fein gewürfelt, 200 g
Räucherlachs, 3 El Butter, 1 El Mehl, 125 ml
trockener Weißwein, 675 ml Fischfond, Salz,
weißer Pfeffer aus der Mühle, 1 gute Msp Safran,
1 El Zitronensaft, 1 El Pernod, 200 g Sahne.

Den Dill waschen, trocken schleudern, die feinen
Blätter abzupfen und hacken. Den Lachs in feine
Streifen schneiden und mit der halben
Dillmenge vermischen. Die Butter in einem Topf
zerlassen, die Zwiebelwürfel glasig dünsten, das
Mehl einstäuben und unter Rühren mit Wein
und Fischfonds ablöschen. Die Suppe unter
Rühren 6-8 Minuten köcheln lassen. Mit wenig
Salz, Pfeffer, Safran, Zitronensaft und Pernod
würzen. Die Suppe durch ein Sieb passieren, den
Dill einrühren und kurz aufkochen. Sahne
schlagen und einrühren. Je nach Servierweise
Teller oder Suppenterrine vorwärmen, den Lachs
verteilen und die Suppe einfüllen. Mit Dill
garniert anreichen.

Hauptmahlzeiten

Fischfrikadellen

500 g Seelachsfilet, 2 Eier, 5 El Semmelbrösel, 1 Zwiebel gewürfelt, 4 Lauchzwiebeln fein geschnitten, Salz, Pfeffer aus der Mühle, 4 El frisch gehackte Petersilie, Butter, Semmelbrösel, 1 aufgeschlagenes Ei, Zitronensaft.

Das Fischfilet nach der 4-S-Methode mit Zitronensaft vorbereiten. Nur leicht abtropfen und in grobe Würfel schneiden. Die Würfel in einen Mixer geben und etwas zerkleinern. Das Mus mit Eiern, Semmelbröseln, Zwiebelwürfeln, Lauchzwiebeln und Petersilie vermengen und gut mit Salz und Pfeffer abschmecken. Frikadellen formen in aufgequirltem Ei und Semmelbröseln wenden und in Butter bei nicht zu hoher Temperatur ausbacken.

Tipps: Dazu Kartoffelsalat reichen!

Länglich geformt werden Fischstäbchen daraus!

Cocktailshrimps mit Orangensauce aus dem Wok

600 g Cocktailshrimps (TK), 125 g Zuckerschoten, 1 gelbe Paprikaschote in Streifen, 1 kleine Chilischote geviertelt, 2 Petersilienwurzeln in feinen Streifen, 12 Kumquats in dünnen Scheiben, 1 Tasse leichter Fischfond, 1 Glas Orangenlikör, Salz, Öl.

Etwas Öl in den Wok geben und Zuckerschoten, Paprikastreifen, Chilischotenstreifen und Petersilienwurzeln 8 Minuten andünsten. Kumquatscheiben und Shrimps zugeben- 2 Minuten dünsten. Alles mit Fischfond und Orangenlikör ablöschen. 3 Minuten auf kleiner Flamme ziehen lassen. Mit Salz abschmecken.

Tipp: Dazu Basmatireis reichen!

Info: Bei dem Gericht wird die Sauce nicht gebunden!

„Magrits-Spezial"

1 kg Kartoffeln, Salz, 800 g Rotbarschfilet, Zitronensaft, 4 El Butter, weißer Pfeffer aus der Mühle, 200 g Kräuterschmelzkäse, frisch geriebener Muskat, 150 ml Milch, 3 El gehackte Kräuter nach Wahl.

Kartoffeln schälen und in Salzwasser gar kochen. Den Fisch nach der 4-S-Methode mit Zitronensaft vorbereiten. Milch erwärmen. Die Kartoffeln zerstampfen und die Milch einrühren. Den Käse zugeben und untermengen. Den Fisch in der Butter von jeder Seite 4 Minuten anbraten. Die Kräuter unter das Püree geben und alles gut mit Salz, Pfeffer und Muskat abschmecken. Den Fisch zusammen mit dem Püree anrichten.

Tipp: Dazu passt prima ein Gurkensalat!

Lachsfiletsteak mit Bärlauchkruste

4 Lachsfiletsteaks (je ca. 200 g), Zitronensaft, 2 El Öl, Salz, Pfeffer, 75 g Butter, 175 g Bärlauch, 2 Scheiben helles Toastbrot.

Den Fisch vorbereiten und im Zitronensaft 15 Minuten stehen lassen. Den Bärlauch putzen, waschen, trocken tupfen und sehr fein hacken. Das Toastbrot in einem Mixer fein hacken. Die weiche Butter mit Brotgemisch und Bärlauch gut vermengen und mit Salz und Pfeffer abschmecken. Die Fischfilets abtropfen und im Öl in einer Pfanne von beiden Seiten je 4 Minuten andünsten. In eine kleine Auflaufform legen und die Bärlauchmischung darauf verteilen. Im vorgeheizten Backofen bei 150° 10 Minuten überbacken.

Tipp: Dazu Salat und frisches Weißbrot reichen! Alternativ dazu ein Kräuter-Kartoffelsalat mit leichtem Dressing!

Gut vorzubereiten!

Fischgulasch „Superb"

2 Gemüsezwiebeln, 400 g Kartoffeln klein gewürfelt, 3 rote Paprikaschoten, 400 g Tomaten gewürfelt (ohne Strunk), 2 El Öl, 450 ml Fischfond, 2 El Paprikapulver, Salz, weißer Pfeffer aus der Mühle, ½ Bund Petersilie gehackt, 1 El Zitronensaft, 125 g Creme Fraiche, 700 g Fischfilet (z.B. Seelachs, Karpfen, Zander).

Die Paprikaschoten putzen und in Würfel schneiden. Die Zwiebeln abziehen, halbieren und dünn in halbe Ringe schneiden. Den Fisch gut abspülen, auf „Restgräten" überprüfen, mit einem Küchenkrepp trockentupfen und würfeln.

Das Öl in einem großen Topf erhitzen. Die Zwiebeln darin glasig dünsten. Kartoffeln und Paprika zugeben. Nach 4 Minuten den Fond und die Tomatenwürfel zugeben und alles gut mit Salz, Paprika und Pfeffer abschmecken. Zugedeckt bei mittlerer Hitze ca 15 Minuten köcheln lassen.

Den Zitronensaft und die Creme Fraiche untermengen. Evtl alles noch etwas abschmecken. Die Fischwürfel oben auflegen und zugedeckt 5-10 Minuten ziehen lassen.

Mit Petersilie bestreut anreichen.

Tipp: Dazu frisches Weißbrot reichen! Auch ein Glas fruchtiger Weißwein ist dazu lecker!

Varianten:
-Statt Petersilie frischen Dill verwenden!
-zusätzlich 3 gehackte Knoblauchzehen untermengen!
- 250 g fein gewürfeltes Kürbisfleisch zugeben!

Macht nicht sehr viel Arbeit und schmeckt köstlich!

Dorchens Fischtopf

2 mittlere Fenchelknollen, 1 Zucchini ca 400 g, 2 rote Zwiebeln gewürfelt, 2 Knoblauchzehen gehackt, ½ Bund Rosmarin, 600 g Tomaten, 250 ml Fischfond (oder Hühnerbrühe), 700 g Rotbarschfilet, Salz, Cayennepfeffer, 2 El Kapern.

Fenchel putzen, längs halbieren, vierteln und in 1 cm dicke Scheiben schneiden. Zucchini würfeln (2 cm). Die Tomaten würfeln, dabei den Strunk entfernen. Den Fisch vorbereiten, auf Gräten überprüfen und in mundgerechte Stücke schneiden. Das Öl in einem Topf erhitzen. Den Fenchel zugeben und bei mittlerer Hitze 5 Minuten dünsten. Zwiebel und Knoblauch kurz mitdünsten. Tomaten und Zucchini untermengen und mit dem Fond ablöschen. 10 Minuten zugedeckt schmoren. Das Gemüse mit Salz und Cayenne gut abschmecken. Rosmarinnadeln hacken und zusammen mit Fisch und Kapern zum Gemüse geben. Weitere 10 Minuten zugedeckt köcheln lassen.

Tipp: Dazu Baguette oder Reis reichen!

Gebackene Schollenfilets mit Gurkengemüse

650 g Schollenfilet, 1 El Zitronensaft, 1 Ei, 4 El Semmelbrösel, 4 El gehobelte Mandeln, Salz, Pfeffer aus der Mühle, 800 g Salatgurke, 1 Becher Creme Fraiche, 1 El Dill gehackt, 3 El Butter.

Den Fisch im Zitronensaft 15 Minuten marinieren. Die Mandeln in einem Topf bräunen, bis sie nussig duften, anschließend zerstoßen und mit Semmelbröseln und etwas Salz und Pfeffer vermischen. Die Gurke schälen und in mundgerechte Stücke würfeln. Die Filets abtropfen, das Ei aufschlagen, die Filets in der Panade wenden und in 2 El zerlassener Butter ausbacken. 1 El Butter in einem Topf zerlassen und darin bei hoher Hitze die Gurkenstücke 6-7 Minuten unter mehrfachem Wenden dünsten. Mit etwas Salz abschmecken, die Creme Fraiche unterrühren und mit Dill bestreut zum Fisch anreichen.
Dazu Kartoffeln reichen!

Einfach und superlecker!

Spaghetti mit Krabben-Tomatensauce

400 g Spaghetti, 200 ml passierte Tomaten, 2 Knoblauchzehen, 125 g Krabben, 100 ml Sahne, 1 Tl Tomatenmark, 3 El gehackte Petersilie, Salz, Pfeffer, 1 El Öl.

Die Spaghetti in 4 l Salzwasser bissfest garen. Den Knoblauch abziehen, hacken und in dem Öl 2 Minuten dünsten. Mit passierten Tomaten ablöschen. Die Sahne und das Tomatenmark zugeben und alles 10 Minuten einkochen lassen. Die Krabben einstreuen und gut mit Salz und Pfeffer abschmecken. Kurz ziehen lassen. Eine große Pastaschüssel vorwärmen, die Spaghetti einfüllen und mit der Sauce vermengen. Mit Petersilie bestreut anreichen.

Schnell und superlecker!

Varianten: Statt Krabben können auch Cocktailshrimps oder kleine Garnelen verwendet werden.

Schellfischfilet mit Rhabarber

600 g Schellfischfilet, 2 Eier, 200 g Mehl, 2 Tl
Speisestärke, Salz, 500 g Rhabarber in Würfeln,
Zucker, 125 g rote Zwiebeln gewürfelt, 1 kleine
Chilischote, 10 g frischer Ingwer gerieben, Pfeffer
aus der Mühle, 1 Limette, 1 Bund
Koriandergrün, 300 ml Öl, 30 g Butter, 1/8 l
Weißwein, 250 ml Gemüsebrühe.

Eier, Mehl, Speisestärke und etwas Salz mit 175
ml eiskaltem Wasser zu einem glatten Teig
verrühren. 1 Stunde ruhen lassen. Die Hälfte des
Rhabarbers mit 1/8 l Wasser 8 Minuten kochen
lassen, pürieren und durch ein Sieb streichen.
Chilischote übergrillen, enthäuten und Frucht-
Fleisch zerkleinern. Limette sehr dünn abschälen
und die Schale in feine Streifen schneiden. Die
Korianderblätter abzupfen und grob hacken.
Das Fischfilet in 8 gleiche Stücke schneiden,
pfeffern und mit Limettensaft beträufeln. So etwa
10 Minuten ziehen lassen.

Das Öl in einer großen Pfanne erhitzen. Die Fischstücke in dem Teig wenden und unter mehrfachem Wenden nur 3 Minuten ausbacken. Anschließend mindestens 10 Minuten auf Küchenkrepp abtropfen lassen. Das Öl erneut erhitzen und die panierten Fischstücke erneut 3 Minuten goldgelb ausbacken. Aus dem Fett nochmals kurz auf Küchenkrepp abtropfen lassen und bis zum Servieren im Backofen warm halten.

Butter in einer großen Pfanne erhitzen. Die Zwiebelwürfel, Chili und Ingwer darin glasig dünsten. Das Rhabarberpüree und die Limettenschale zugeben. Weißwein und Gemüsefond unterrühren und 6-7 Minuten zu einer sämigen Sauce einkochen. Die restlichen Rhabarberwürfel und den Koriander einrühren und mit Zucker, Pfeffer und Salz abschmecken. Noch 1-2 Minuten köcheln lassen und die Sauce zum Fisch servieren.

Tipp: Dazu Reis servieren!

Gebackener Dorsch

450 g Dorschfilet, 125 g Mehl, 1 Ei, 100 ml Wasser, 50 ml Wein, Salz, Pfeffer aus der Mühle, etwas Zitronensaft, 1 El gehackter Dill, Fett zum Frittieren, 1 Becher Creme Fraiche, 4 El milde Mayonnaise, 2 El Tomatenketchup, 1 El Senf, Zucker.

Das Mehl mit dem Ei, Wasser, Wein und Dill gut aufschlagen. Mit wenig Salz, Pfeffer und etwas Zitronensaft abschmecken. Das Dorschfilet in kleinere Stücke schneiden und in den Teig tauchen. Das Fett erhitzen und den Fisch garen. Auf einem Küchenkrepp entfetten.
Die Creme Fraiche mit Mayonnaise, Ketchup und Senf verrühren und mit etwas Zucker, Salz und Pfeffer abschmecken.
Die kalte Sauce zum Fisch servieren!

Tipp: Dazu einen kleinen Salat und etwas frisches Weißbrot reichen!

Islandfrikadellen

2 Tassen kleine Garnelen, 1 Tasse Dorschfilet, 1
Ei, 1 El Sherry, 1 Tl Salz, 2 Tl Zucker, 2 El
Kartoffelmehl, 1 Zwiebel, Öl zum Ausbraten.

Die Garnelen und das Dorschfilet fein hacken.
Die Fischmasse mit Ei, Sherry, Salz, Zucker und
Kartoffelmehl gut vermengen.
Die Zwiebel schälen, in sehr feine Würfel
schneiden und mit der Fischmasse verrühren.
Frikadellen formen und in Öl Ausbacken.

Tipp: Dazu Bechamelkartoffeln reichen!

Steinbeißerfilet mit Zitronenpanade

650 g Steinbeißerfilet, Saft von 1 Zitrone, Schale von 2 unbehandelten Zitronen, 2 Eier, Mehl, 6 El Semmelbrösel, Butter, Salz, weißer Pfeffer aus der Mühle.

Das Fischfilet waschen, mit Zitronensaft säuern, salzen und 15 Minuten stehen lassen. Gut trockentupfen. Die Eier mit wenig Pfeffer und wenig Salz aufschlagen. Die Semmelbrösel mit Zitronenschale vermischen.
Das Fischfilet erst durch das Mehl, dann durch das Ei ziehen und weiter in die Semmelbrösel drücken.
Die Butter in einer Pfanne zerlassen und vorbereitete Filets ausbacken.

Tipp: Dazu geviertelte und mit Öl bepinselte gebackene Kartoffeln und junge Möhren reichen!

Tintenfischbolognese

450 g Tintenfischtuben, Zitronensaft,
Zitronenschale, Olivenöl, 4 Knoblauchzehen, 800
g Tomaten, 1 Stange Bleichsellerie, Salz, Pfeffer
aus der Mühle, 400 g Spaghetti.

Die Tintenfischtuben in feine Würfel schneiden
und mit 2 El Olivenöl, 1 El Zitronensaft und 1 Tl
Zitronenschale vermischen und ruhen lassen.
Die Tomaten mit kochendem Wasser überbrühen,
häuten, den Strunk entfernen und würfeln. Die
Knoblauchzehen abziehen und fein hacken. Den
Sellerie in *hauchdünne* Scheiben schneiden.
4 El Olivenöl in einen Topf geben, die
Tomatenwürfel mit Knoblauch darin 10
Minuten dünsten. Die Selleriescheiben und die
Tintenfischtubenwürfel zugeben und abgedeckt
5 Minuten ziehen lassen. Mit Salz und Pfeffer
abschmecken. 4 l Wasser mit etwas Salz zum
Kochen bringen und die Spaghetti 8 Minuten
bissfest garen. Abgießen, in eine große Schale
geben und mit der Sauce begossen anrichten!

Schwertfisch im Speckmantel

4 Schwertfischsteaks von je ca 175 g, 16 Streifen Frühstücksspeck, 100 ml japanischer Kochwein, 4 El süße Sojasauce, Olivenöl.

Die Speckstreifen um die Fischfilets wickeln. Dabei darauf achten, dass die Speckstreifen sich überlappen.
Den Kochwein mit der Sojasauce vermischen. Die Fischfilets mit dieser Marinade bepinseln und 2 Stunden marinieren lassen. Die Steaks ab und zu umdrehen.
Etwas Öl in eine Pfanne geben und die Steaks von allen Seiten braten, bis der Speck schön cross ist.

Variante: Statt japanischen Kochwein Madeira verwenden!

Tipp: Dazu frischen Salat und/oder eine Ofenkartoffel servieren!

Hamburger Pannfisch

Bratkartoffeln: 1300 g Kartoffeln, 100 g Speck, 2 Zwiebeln, 2 El Butter, 2 El Schmalz, Salz, Pfeffer.
Fisch: 700 g Seelachsfilet, Saft einer Zitrone, Mehl, Butter zum Ausbraten.
Sauce: 350 ml Fischfond, 1 El Butter, 1 El Mehl, 50 ml Sahne, 4 El grober Dijonsenf, Salz, weißer Pfeffer aus der Mühle.

Die Kartoffeln schälen und in feine Scheiben hobeln. Den Speck in feine Würfel schneiden. Die Zwiebeln schälen und fein würfeln.
Den Fisch waschen, trockentupfen, auf Restgräten überprüfen, in portionsgerechte Stücke schneiden und in Zitronensaft 15 Minuten marinieren. Gut abtropfen und in Mehl wenden.
Für die Bratkartoffeln Butter und Schmalz in einer beschichteten Pfanne auslassen, die Kartoffeln zugeben und unter regelmäßigem Schwenken bei abgedeckter Pfanne ca 20 Minuten garen. Dann die Zwiebeln und den Speck zugeben und noch ca 5-8 Minuten mit dünsten. Mit Salz und Pfeffer abschmecken.

In einer zweiten Pfanne die Butter zerlassen und den in Mehl gewendeten Fisch bei mittlerer Hitze garen.

Für die Sauce den Fischfond zusammen mit Senf und Sahne in einen kleinen Topf geben. 15 Minuten leicht einköcheln lassen. Dabei ab und zu umrühren. Die Butter mit dem Mehl verkneten, den Butterkloß in die Sauce geben und umrühren bis die Sauce sämig wird. Mit Salz und Pfeffer abschmecken.

1te Serviermöglichkeit: Eine Platte vorwärmen, die Bratkartoffeln zuunterst anrichten, darauf die Fischstücke legen und alles mit Sauce begießen.
2te Serviermöglichkeit: Für jede Person einen Teller oder eine kleine Pfanne in gleicher Weise anrichten.

Varianten: Statt Seelachs kann auch Fischfilet nach Geschmack verwendet werden.

Tipp: Dazu passt ein gut gekühltes Bier!

Paella oder Urlaubszauber

1 Hähnchen (ca 1,2 kg), 2 Zwiebeln gewürfelt, 4 Knoblauchzehen gewürfelt, 6 Tomaten, 1 Tasse Olivenöl, Salz, weißer Pfeffer aus der Mühle, 300 g Langkornreis, 1 l heiße Fleischbrühe, 2 Msp Safran, 250 g Rotbarschfilet gewürfelt, 200 g Langustenschwänze (Dose), 250 g naturell eingelegte Miesmuscheln abgetropft, 1 Tasse feine Erbsen (Tk), 1/8 l trockener Weißwein, 15 rotgefüllte Oliven. 250 g geräucherte Knoblauchwurst in feinen Scheiben.

Das Hähnchen in portionsgerechte Stücke zerteilen, waschen und trocken tupfen. ¾ der Ölmenge erhitzen und darin das Hähnchen von allen Seiten goldbraun braten. Salzen und Pfeffern. Zwiebeln, Knoblauch und Reis dazu geben und glasig dünsten. Dabei beständig umrühren. Mit Brühe und Safran auffüllen. Abgedeckt 15 Minuten leicht köcheln lassen. Die Tomaten überbrühen, häuten und würfeln. Die Oliven halbieren. Die Fischwürfel, Langusten, Muscheln, Erbsen und Tomaten zugeben. Den

Wein angießen und alles abgedeckt bei verringerter Hitze ziehen lassen.

Das restliche Öl erhitzen, darin die Wurst knusprig braun braten. Die Paella in einer größeren Pfanne oder Platte anrichten, mit Oliven bestreuen und der Wurst garnieren.

Ofenzauber

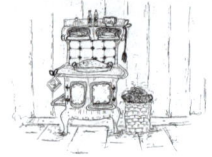

Fischkartoffeln

1kg größere Kartoffeln, 450 g Seelachsfilet, 200 g
frisches Bratwurstbrät, 2 Eier, 4 El frisch
gehackter Kerbel, ¼ l Gemüsebrühe, Salz.

Die Kartoffeln schälen, einen Deckel
abschneiden und mit einem kleinen
Kugelausstecher aushöhlen. Die Kartoffeln in
einem Topf mit Wasser bedecken, salzen und 10
Minuten köcheln lassen. Danach beiseite stellen.
Den Fisch nach 45 vorbereiten, abtropfen lassen
und zerpflücken. Bratwurstmasse, Eier, Fisch und
Kerbel zu einer homogenen Masse vermengen.
Die Kartoffeln aus dem Wasser nehmen, mit
einem Küchenkrepp trockentupfen und mit der
Masse befüllen. Die Kartoffeln in eine
Auflaufform geben, die Kartoffelreste darum
verteilen und mit der Brühe angießen. Mit etwas
Alufolie oder dem passenden Deckel abdecken.
Bei 200° 30 Minuten backen. Den Deckel
abnehmen und noch 10 Minuten backen.

Tipp: Dazu Salat reichen!

Gefüllte Fischpaprika

Je 2 gelbe, rote und grüne Paprikaschoten, 500 g Rotbarschfilet, 2 trockene weiße Brötchen, 2 Eier, 4 Schalotten fein gewürfelt, Salz, Pfeffer, 1 Tl frisch gehackter Salbei, 2 El Butter, 300 ml Fischfond, einige Salbeiblätter.

Das Fischfilet entgräten und vorbereiten (SSSS). Abtropfen und fein hacken. Die Brötchen fein reiben. Die Paprikaschoten halbieren und putzen. Den Fisch mit den Eiern, Schalottenwürfeln, Semmelbröseln und Salbei vermengen und mit Salz und Pfeffer abschmecken. Die Füllung auf die Paprikahälften verteilen und in eine feuerfeste Form setzen. Die Butter obenauf verteilen und alles mit dem Fischfond angießen. Im Backofen bei 175° 45 Minuten backen. Mit Salbeiblättern garniert anreichen.

Tipp: Dazu Reis und einen frischen Gurkensalat reichen.

Verarbeitung: Wenn man den Sud nicht andickt, spart das Kalorien!

Anjas Rotbarsch mit Thymiankruste

1 kg Rotbarsch (4 Stücke), 1 kleines Stück Meerrettich, 1 Knoblauchzehe, 2 Scheiben Weizentoast, 2 Stängel Petersilie, 6-8 Stängel Thymian, 5 El Butter, 2 El Zitronensaft, Salz und Pfeffer aus der Mühle.

Rotbarsch mit der 4-S-Methode vorbereiten. Mit Zitronensaft beträufeln, salzen und pfeffern. Meerrettich schälen und fein hacken. Toast entrinden und fein zerbröseln. Die Kräuter hacken. Knoblauch schälen und hacken. 2 El Butter in einer Pfanne zerlassen und darin Toast, Kräuter, Meerrettich und Knoblauch rösten. Eine ofenfeste Form buttern, den Fisch darin verteilen und die Kräutermischung darauf verteilen. 20 Minuten im Backofen bei 200° überbacken.

Tipp: Dazu Kartoffelbrei reichen!

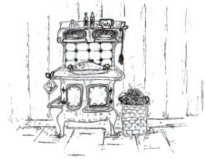

Fisch in Senfsauce

4 Scheiben Victoria-Seebarschfilet, 3 El Senf, 4 El Mayonnaise, 100 ml Sahne, Salz, Pfeffer, Zitronensaft.

Das Fischfilet nach 4-S-Methode mit Zitronensaft vorbereiten.
Den Senf mit Mayonnaise und Sahne verrühren.
Das Fischfilet abtropfen lassen und in eine Auflaufform legen.
Die Senfsauce mit Salz und Pfeffer abschmecken und darüber gießen.
Im Backofen bei 200° 20 Minuten backen.

Tipp: Dazu einen Kartoffelgratin reichen!

Fischstäbchentraum

1 Packung Fischstäbchen (15 Stück), 1 El Zitronensaft, 600 g Porree geputzt gewogen, 300 g Kürbis geputzt gewogen, 1 El Öl, 1 Becher Sahne, Salz, Pfeffer, Röstzwiebeln.

Den Porree putzen und in Ringe schneiden. Den Kürbis schälen, entkernen und fein würfeln. Das Öl in einen Topf geben, das Gemüse darin 8 Minuten andünsten und mit Salz und Pfeffer nicht zu schwach abschmecken. Alles in eine flache Gratinform geben. Die Fischstäbchen darauf verteilen und mit Zitronensaft beträufeln. Die Sahne angießen und mit Röstzwiebeln bestreuen. Im Ofen bei 180° 25 Minuten backen.

Tipp: Dazu entweder Salzkartoffeln oder Kartoffelbrei reichen!

Variante: -Statt Kürbisfleisch können auch Möhren verwendet werden!

Info: Kürbis macht das Gericht bekömmlicher!

Lauritz´ „Einschulungsgratin"

450 g kleine Brokkoliröschen, 700 g frisches Lachsfilet, 1 Becher Schmand, 1 Becher Sahne, 1 kleine Banane, Curry, Salz, weißer Pfeffer aus der Mühle, Zitronensaft.

Die Brokkoliröschen in kochendem Wasser 3 Minuten garen und in eine Auflaufform verteilen. Den Fisch von Restgräten befreien und in Zitronensaft 15 Minuten marinieren. Das Filet zum Brokkoli legen.
Schmand, Sahne und Banane mit einem Passierstab fein pürieren. Gut mit Curry, Salz und Pfeffer abschmecken und die Sauce über den Gratin gießen. Bei 180° 30 Minuten im Backofen backen.

Tipp: Dazu Salat und Reis reichen!

Variante: Kurz vor dem Ende der Garzeit noch mit etwas geriebenem Edamer bestreuen!

Mamas Spinatlasagne

450 g Tk-Blattspinat, 400 g helle Bandnudeln, 50 g Krebsbutter, 400 ml Fischfond, 200 g Creme Fraiche, 40 g Mehl, Salz, Pfeffer aus der Mühle, 500 g Schollenfilets, 4 El Zitronensaft, Fett für die Form, 150 g geriebener Emmentaler.

Den Spinat auftauen, gründlich ausdrücken und grob zerkleinern. Die Bandnudeln in reichlich Salzwasser bissfest garen. Den Fisch abspülen, trockentupfen, mit Zitronensaft säuern und leicht salzen und 15 Minuten stehen lassen. Eine Auflaufform leicht ausfetten. Die Krebsbutter in einem Topf schmelzen, das Mehl einrühren und nach und nach den Fischfond einrühren. Die Sauce mit Pfeffer würzen. Die Hälfte der Nudeln mit 1/3 der Sauce in die Form geben. Nacheinander die Fischfilets, die Sauce, den Spinat und die restlichen Nudeln einschichten. Die Lasagne mit Käse bestreuen. Bei 200° 40 Minuten backen. Gut vorzubereiten und superlecker!

Tipp: Als Ersatz für Fischfond leichte Brühe!

Versteckte Lachsforelle

1 küchenfertige Lachsforelle ca. 1,5 kg, 3 kg
Jodsalz, 3 Eiweiß, Kräuterstängel nach Wahl-
z.B. Salbei, Dill oder Liebstöckel.

Die Forelle gut mit einem Küchenkrepp abtupfen.
Den Backofen auf 250° vorheizen.
Das Salz in einer Schüssel mit dem Eiweiß
vermischen. Sollte es zu trocken sein,
esslöffelweise Wasser zufügen. Mit einem Teil der
Salzmasse eine Salzschicht in der Größe der
Forelle in eine Fettpfanne geben. Die Lachsforelle
auflegen und mit Kräutern nach Wahl füllen.
Gut verschließen, so dass möglichst kein Salz
eindringt. Die restliche Salzmasse auf der
Forelle verteilen, so dass diese vollständig
abgedeckt ist. Im Backofen 35 Minuten garen. In
der Nachwärme (gerne auch die Tür öffnen)
noch 10 Minuten ziehen lassen!

Tipp: Effektvoll, wenn die Kruste bei Tisch
aufgebrochen wird!
Dazu eine Beilage mit Kartoffeln wählen!

Überbackenes Barschfilet

1,2 kg Barsch, 1 Zwiebel in Ringen, 1 Lorbeerblatt, 1 Tl Pfefferkörner, ¼ l Weißwein, Saft und Schale von einer Zitrone, Salz, Pfeffer, 1 Bund Petersilie, 6 El Semmelbrösel, 75 g Butter.

Die Fischfilets von den Gräten schneiden und enthäuten. Die Gräten mit Zwiebeln, Lorbeerblatt, Pfefferkörnern und Weißwein 15 Minuten kochen. Durch ein Sieb geben, den Sud dabei auffangen. Fisch mit Zitronensaft beträufeln, salzen und pfeffern. Petersilienblätter hacken. Semmelbrösel mit Zitronenschale und Petersilie mischen. Eine feuerfeste Form ausfetten, den Fisch einlegen, den Fischfond angießen und die Filets mit Bröseln bestreuen. Die Butter zerlassen und auf dem Fisch verteilen. Bei 185° 35 Minuten backen.

Tipp: Dazu einen Gurkensalat und Kartoffeln reichen!

Irische Fischpastete

750 g festes Fischfilet, 1 Porreestange in Ringen,
unbehandelte Zitronenschale, ¼ Tl frisch
geriebene Muskatnuss, 10 Pfefferkörner, 2
Lorbeerblätter, 1 Bund Petersilie gehackt, 600 ml
Milch, 30 g Butter, 1 mittelgroße Stange Lauch
in Ringen, 2 El Mehl, 2 El Petersilie gehackt, 1 kg
Kartoffeln geschält, 40 g Butter, 2 El Sahne, Salz,
Pfeffer aus der Mühle.

Das Fischfilet vorbereiten, auf Restgräten
überprüfen und mit einem Küchenkrepp
trockentupfen. 1/2 Portion Porreeringe mit
Zitronenschale, Muskat, Pfefferkörnern,
Lorbeerblättern, Petersilie, Fisch und Milch (bis
auf einige El) in eine beschichtete Pfanne geben
und bei mittlerer Hitze zum Köcheln bringen. 10
bis 15 Minuten leise köcheln lassen, bis der Fisch
gar ist. Das Filet darf dabei nicht auseinander
fallen. Den Fisch aus der Sauce nehmen, die
verbleibende Flüssigkeit durch ein Sieb geben
und den Sud aufbewahren. Diese Flüssigkeit auf
375 ml bemessen. Falls nötig mit Milch oder
Sahne auffüllen!

Butter in einer Pfanne erhitzen und die zweite Portion Lauch darin weich garen. Alles mit Mehl bestäuben und mit der aufgefangenen Fischflüssigkeit ablöschen. Alles aufkochen, dabei beständig umrühren. Anschließend vom Herd nehmen.

Die Kartoffeln in Salzwasser gar kochen, gut abdämpfen, mit Butter und Sahne vermischen und mit Pfeffer und Salz abschmecken.

Die Porreesauce in eine ofenfeste Form geben und den Fisch hineinlegen. Mit gehackter Petersilie bestreuen und das Kartoffelpüree obenauf gleichmäßig verteilen. Mit einer Gabel die Kartoffelmasse aufrauen. Die Pastete in den vorgeheizten Backofen geben und bei 200° ca 25 Minuten backen, bis der Pastetendeckel goldbraun ist.

Prima vorzubereiten!

Tipp: Dazu einen grünen Salat reichen!

Heilbuttschnitten mit Liebstöckel

4 Scheiben Heilbutt, Zitronensaft, Salz, Butter, Pfeffer aus der Mühle, 2 Zwiebeln gewürfelt, 1 El zerlassene Butter, 125 g Champignons in Scheiben, 2 Knoblauchzehen gehackt, 3 El gehackter Liebstöckel, 4 El Sahne, 4 El geriebener Emmentaler.

Den Fisch waschen und in Zitronensaft und Salz 15 Minuten marinieren. Eine ofenfeste Form mit Butter ausfetten. Die Fischstücke mit einem Küchenkrepp trockentupfen und in die Form legen. Die Zwiebeln in der zerlassenen Butter glasig dünsten. Die Pilze und den Knoblauch zugeben, kurz mitdünsten und den Liebstöckel unterrühren. Die Sahne zugeben und alles über dem Fisch verteilen. Den Käse darüber streuen und 25 Minuten bei 180° überbacken.

Dazu einen Salat und Reis servieren!

Varianten: Statt Liebstöckel kann auch Salbei, Dill oder Petersilie verwendet werden!

Schollenröllchen

12 Schollenfilets, Zitronensaft, 4 El gehackte
Petersilie, Pfeffer aus der Mühle, Salz, 300 g
Pfifferlinge, 2 Zwiebeln gehackt, 1 El Butter, 75
ml Weißwein, 100 g Kräuterschmelzkäse, 2 El
Semmelbrösel, 50 g geriebener Käse.

Die Schollenfilets abspülen, mit Zitronensaft
säuern, salzen und 15 Minuten stehen lassen.
Eine ofenfeste Form leicht fetten. Die Filets gut
mit einem Küchenkrepp trockentupfen, aufrollen
und in die Form stellen. Die Butter in einen Topf
geben, die Pfifferlinge und die Zwiebeln darin
dünsten. Mit etwas Pfeffer abschmecken und mit
Weißwein ablöschen. Den Kräuterschmelzkäse in
den Pilztopf geben und schmelzen. Die Masse
über den Fischröllchen verteilen und alles mit
Semmelbröseln bestreuen. Zum Schluss den Käse
aufstreuen. Bei 190° 20 Minuten backen.

Tipp: Dazu einen Endiviensalat reichen!

Gefüllter Dorsch

2,5 kg Dorsch im Stück, 400 g frische Champignons in Scheiben, 125 g Bacon, 3 Zwiebeln, Tomatenketchup, 1 El Butter, 2 Becher Schmand, 4 El gehackte Petersilie, Salz, Pfeffer.

Den Dorsch gründlich abspülen, das Kopfstück abtrennen und die Rückenflosse großzügig keilförmig auslösen. Die Butter zerlassen, die Pilze darin 6-7 Minuten dünsten und mit Salz und Pfeffer abschmecken. Den Dorsch in eine Form setzen und reichlich von allen Seiten mit Ketchup einstreichen und mit etwas Pfeffer bestreuen. Die Pilze rundherum verteilen. Den Bacon in schmale Stücke schneiden. Die Zwiebeln schälen und fein würfeln. Bacon und Zwiebeln 5 Minuten dünsten und den Fisch im eingeschnittenen Rückenbereich damit befüllen. Den Rest herum verteilen. 30 Minuten bei 220° backen. Die Creme Fraiche mit Petersilie glatt rühren, den Fisch damit rundherum bestreichen und noch 10 Minuten garen.

Tipp: Dazu Kartoffeln reichen!

Michaelas Wels mit Pekankruste

4 El Dijonsenf, 4 El saure Sahne, 2 El Milch, 4 El Frühlingszwiebeln sehr fein gehackt, 100 g Pekannüsse, 4 Welsfilets von je ca 150 g ohne Haut und Gräten, Backpapier.

Die Pekannüsse fein mahlen. Ein Backblech mit Backpapier auslegen. Senf, Sahne, Milch und die Frühlingszwiebeln gut miteinander verquirlen. Den Fisch darin wenden und dann in den gemahlen Nüssen wenden. Dabei darauf achten, dass der Fisch komplett paniert ist. Die Filets auf dem Backblech auslegen und im vorgeheizten Backofen bei 240° etwa 10 Minuten backen, bis er durch, aber noch saftig ist.

Variante: Pekannüsse lassen sich durch Walnüsse ersetzen.

Das Rezept hat seinen Ursprung in den USA!

Curry-Fisch-Auflauf

500 g Rotbarsch, Saft von 1 Zitrone, Salz, Pfeffer,
500 g Spinat, 1 Zwiebel gewürfelt, 1
Knoblauchzehe gehackt, 3 El Butter, 200 ml
Creme Fraiche, 3 El Currypulver, Fett für die
Form.

Den Fisch waschen, trocken tupfen mit
Zitronensaft beträufeln, pfeffern und salzen und
stehen lassen.
Den Spinat verlesen, waschen und abtropfen
lassen. Butter zerlassen, Zwiebeln und
Knoblauch darin glasig dünsten. Creme Fraiche
mit Currypulver und Salz glattrühren. Feuerfeste
Form ausfetten, Spinat darin einlegen, die
Zwiebelmischung darauf verteilen, den Fisch
auflegen und die würzige Creme Fraiche
darüber gießen. Im Backofen bei 200° etwa 25
Minuten backen.

Tipp: Dazu passt Reis und ein grüner Salat!

Zander im Blätterteigmantel

300 g Blätterteig, 500 g Zanderfilet, 4 Tl fein gewürfelte Zwiebeln, 125 g frische Champignons, 4 Tl fein geschnittener Bacon, 2 Tl abgeriebene Schale einer unbehandelten Zitrone, Salz, weißer Pfeffer aus der Mühle, 1 Ei verquirlt.

Den Blätterteig in 8 gleich große Rechtecke ausrollen. Den Zander abspülen mit einem Küchenkrepp trockentupfen und mit Zitronenschale einreiben. Auf vier Teigscheiben erst die Champignons, dann die Zwiebelwürfel und die Fischfilets verteilen. Mit Salz und Pfeffer bestreuen und die 4 Tl Bacon zugeben. Die 4 übrigen Teigblätter auflegen und am Rand mit einer Gabel andrücken. Die Teigtaschen mit Ei bestreichen und mit einer Gabel in jede Tasche einige Löcher einstechen. Im vorgeheizten Backofen bei 190° 25-30 Minuten backen.

Tipp: Dazu eine Krebssauce und frisches Gemüse wie Bohnen oder Möhren servieren!

Karpfenvariationen

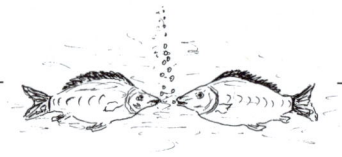

Markuskarpfen

2 kg Karpfen, 250 g haudünner Bacon, Salz, Pfeffer, 1 Glas Champignons in Scheiben 1te Wahl, 3 El gehackter Liebstöckel, 2 Tassen süßen Weißwein, 1 El Butter, 2 El Mehl, 4 El Sahne.

Den Karpfen küchenfertig vorbereiten. Die Pilze abtropfen und mit wenig Salz und Liebstöckel mischen. Eine Fettpfanne mit etwas Bacon auf der Länge des Karpfens auslegen. Den Karpfen innen und außen pfeffern und salzen. Mit der Pilzmischung befüllen und mit dem restlichen Bacon belegen. Im vorgeheizten Backofen bei 200° 1 Stunde backen. Im Abstand von 10 Minuten mit je einer halben Tasse Wein ablöschen. Kurz vor Ende der Garzeit den Sud abseihen, dabei Fett abschöpfen und den Fisch im Ofen noch etwas ruhen lassen. Butter in einem Topf zerlassen, Mehl einrühren mit dem Fischsud und Sahne unter ständigem Rühren aufkochen. Evtl. noch etwas abschmecken.

Tipp: Dazu Kartoffeln oder Reis reichen!
Variation: Statt Liebstöckel Petersilie verwenden!

Gefüllter Kräuterkarpfen

2 kg küchenfertiger Karpfen, etwas Zitronensaft, Salz, Pfeffer aus der Mühle, 1,5 Tl Rosmarin, 1,5 Tl Thymian, 3 El Butter, 1 große Zwiebel, 250 g Champignons, Saft von einer Zitrone, 1 gehäufte Tasse gemischte Kräuter nach Wahl, 1 Glas fruchtiger Weißwein, 200 ml Brühe, 1 Msp Cayennepfeffer, 1 Ei, 3 El Semmelbrösel, 3 El Butterschmalz.

Den vorbereiteten Karpfen gut mit einem Küchenkrepp trockentupfen. Mit Zitronensaft, Salz, Pfeffer, Rosmarin und Thymian innen wie außen würzen. Im Kühlschrank 30 Minuten ziehen lassen.
Die Zwiebel schälen und fein würfeln. Die Pilze abbrausen, trockentupfen, in feine Scheiben schneiden und mit Zitronensaft beträufeln.
Butter in einem Topf zerlassen. Darin die Zwiebelwürfel und Pilzscheiben anschwitzen. Die Kräuter untermengen und mit dem Weißwein ablöschen. 4 Minuten dünsten. Mit Salz, Pfeffer, Cayennepfeffer und Zitronensaft abschmecken.

Das Ei und die Semmelbrösel mit der Kräutermischung verrühren und die Füllung im Karpfen verteilen. Übrige Füllung auf den Karpfen legen.
Das Butterschmalz in einer Fettpfanne verteilen. Den Karpfen darauf auslegen.

Bei 200° ca. 45 Minuten garen. Dabei ab und zu mit der Brühe und dem ausgetretenen Sud begießen.
Aus dem entstehenden Sud eine Sauce zubereiten.

Dazu passen ein Mangold-Knoblauchgemüse (ersatzweise Spinat) und Kartoffelspalten!

Lecker!

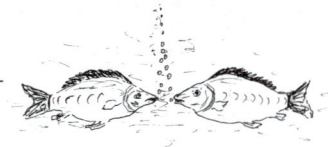

Karpfen chinesisch nach Wiemersdorfer Art

1 küchenfertiger Karpfen von gut 2 kg, 3 Tassen Weißwein, ½ l fruchtiger Rotwein (Dornfelder), 1 Flasche chinesische Süß-Sauer-Sauce, etwas chinesische Chilisauce, 200 g geräucherter Bauchspeck in Scheiben, Salz.

Den Backofen auf 180° vorheizen. Den Karpfen von innen salzen und von außen gut mit dem Speck belegen. Für 1,5 Stunden in den Ofen geben. In 20 Minuten Abständen mit dem Weißwein begießen. Und dabei auch immer wieder mit dem Bratensud beträufeln.
In der Zwischenzeit den Rotwein in einen Topf geben und um die Hälfte reduzieren. Den Topf beiseite stellen und die Süß-Sauer-Sauce zugeben. Sobald der Karpfen gegart ist, den Sud zum Weingemisch geben, dabei Fett abschöpfen. Mit Chilisauce und Salz abschmecken und leicht andicken. Alles sofort servieren!

Tipp: Dazu Salzkartoffeln reichen!
Das Gericht ist sehr bekömmlich und lecker!

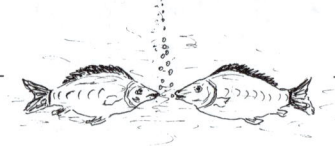

Asia-Karpfen

1 küchenfertiger Karpfen von gut 2 kg, 1 Bund
Lauchzwiebeln, 300 g feine Möhren, 1 Glas
Sojabohnenkeimlinge, 200 g frische
Champignons, 1 Tasse fein geriebener Weißkohl,
1 Gemüsezwiebel, 4 El Sesamöl, 100 ml Sojasauce,
Salz, Pfeffer, 2 Knoblauchzehen, 2 Tassen Brühe.

Die Lauchzwiebeln in Ringe schneiden. Möhren
putzen und der Länge nach vierteln, evtl.
kürzen. Bohnenkeimlinge abtropfen lassen. Pilze
in Scheiben schneiden. Zwiebel schälen,
halbieren und in feine Ringe schneiden.
Knoblauch schälen und hacken.
Den Karpfen mit einem Küchenkrepp gut trocken
tupfen, in eine Fettpfanne geben und von innen
und außen salzen. Mit 50 ml Sojasauce
beträufeln und ½ Stunde marinieren. Das
Sesamöl in einem Topf leicht erhitzen. Lauch,
Möhren, Bohnenkeime, Champignons, Kohl,
Zwiebelringe und Knoblauch in den Topf geben
und unter Rühren 5 Minuten leicht dünsten. Mit
restlicher Brühe und Sojasauce ablöschen. Die
Gemüsemischung gut vermengen und zum

Karpfen geben. Das Gemüse um den Karpfen herum, aber auch etwas auf den Karpfen geben. Im vorgeheizten Backofen 1 Stunde und 20 Minuten bei 190° backen.
Immer wieder mit dem Sud begießen.
Nach der Garzeit den Karpfen und das Gemüse mit dem Sud anreichen!

Ein unerwarteter Genuss für Karpfenfreunde!

Tipp: Dazu Basmatireis reichen!

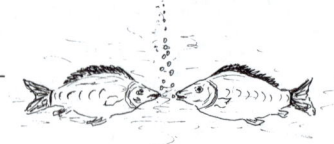

Ketchup-Karpfen

1 küchenfertiger Karpfen von gut 2 kg, 400 ml Tomatenketchup, 3 Knoblauchzehen, Pfeffer, 5 Tomaten, 200 g dünner Bacon, 1,5 Tassen Brühe.

Die Tomaten in Scheiben schneiden, dabei den Strunk entfernen. Den Karpfen gut mit einem Küchenkrepp trockentupfen. Den Knoblauch schälen und fein hacken. Ketchup mit Knoblauch und Pfeffer vermischen. Die Tomatenscheiben in einer Fettpfanne verteilen. Den Karpfen darauf auslegen. Gut mit Ketchupmischung bestreichen. Etwas auch in das Innere des Fisches geben. Mit dem Bacon belegen und den Fisch bei 190° 1,5 Stunden backen. Nach 45 Minuten mit der Brühe angießen. Während der Backzeit immer wieder mit dem austretenden Sud begießen.

Tipp: Dazu Salzkartoffeln reichen!

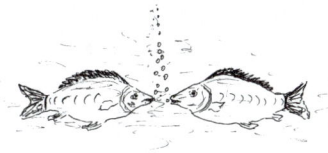

Karpfen Blau

1 küchenfertiger Karpfen von ca 2 kg, 200 g Sellerie, 4 Möhren, 8 ganze Nelken, 2 Zwiebeln, 1 Tasse Weißwein, 1 Tasse Essig, Salz, 4 Lorbeerblätter, 300 ml Sahne, scharfer Meerrettich.

Den Karpfen in größere Stücke zerteilen. Möhren putzen und würfeln. Sellerie schälen und fein würfeln. Zwiebeln schälen und halbieren. 2 l Wasser mit Sellerie, Möhren, Nelken, Zwiebeln, Weißwein, Lorbeerblättern und etwas Salz 5 Minuten aufkochen. Die Hitze reduzieren. Die halbe Fischmenge mit der halben Tasse Essig übergießen. 5 Minuten ziehen lassen und anschließend in der Brühe 20 Minuten leicht siedend garen. Nicht kochen! Die Sahne schlagen und mit dem Meerrettich zum Fisch servieren. Während der erste Fischgang serviert wird, die zweite Fischmenge garen. Dazu Salzkartoffeln servieren. Üppig aber klassisch dazu: 1 Portion flüssige Butter!

Tipps: In mindestens 2 Gängen servieren! Das ist bekömmlicher! Kartoffeln warm nachreichen! Servierteller und Schüsseln vorwärmen!

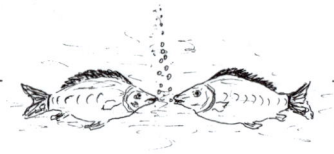

Karpfen schlesische Art

2 kg küchenfertiger Karpfen, 125 g Möhre, 2 Zwiebeln, 1 Lorbeerblatt, 1 Zitrone, ¾ l dunkles Bier, 125 g geriebener Pfefferkuchen, 2 El Butter, 4 ganze Nelken, Zucker, Essig, Salz, Pfeffer.

Möhre putzen und in Scheiben schneiden. Zwiebel würfeln. Zitrone schälen und auspressen. Das Gemüse zusammen mit Lorbeerblatt, Zitronenschale und Nelken geben. Den Karpfen in dicke Stücke schneiden und diese auf das Gemüsebett legen. Mit dem Bier angießen und zugedeckt 45 Minuten bei 180° im Backofen garen. Im Anschluss die Fischstücke herausnehmen und bis zum Servieren warm halten. Den Sud mit Gemüse und Pfefferkuchen aufkochen. Zucker braun karamellisieren und mit Essig ablöschen. Alles durch ein Sieb passieren und Butter einrühren. Den Sud mit Essigmischung, Zitronensaft, Salz und Pfeffer abschmecken.

Dazu Salzkartoffeln reichen!

Karpfen in Paprikasauce

1 kg filetiertes Karpfenfleisch, Grätenreste, 4 El geraspelter Sellerie, 4 Zwiebeln gehackt, 125 g Schweineschmalz, 3 Tl Rosenpaprika, Salz, Pfeffer, 3 rote Paprikaschoten, 4 El Creme Fraiche.

Die Karpfengräten zusammen mit dem Sellerie und etwas Salz und Wasser 30 Minuten kochen. Die Paprikaschoten putzen halbieren und im Backofen übergrillen. Die Haut von den Schoten ziehen und das Fleisch würfeln. Das Schweineschmalz mit dem Rosenpaprika bestäuben und zusammen mit den Zwiebel- würfeln in einer Pfanne mit 200 ml des Fischfonds verrühren. Die Karpfenstücke mit Creme Fraiche zugeben. Abdecken und 25 Minuten auf kleiner Flamme garen. Mit Salz und Pfeffer abschmecken.

Tipp: Dazu Kartoffelpüree oder Reis reichen!

„Eingepacktes" für Grill & Ofen

Makrelenpaket

4 frische küchenfertige Makrelen von je ca 450 g, 1 große unbehandelte Limette, 4 El Olivenöl, 4 Knoblauchzehen, Pfeffer aus der Mühle, Salz und Alufolie.

Die vorbereiteten Makrelen mit einem Küchenkrepp trockentupfen und jede auf ein größeres Stück Alufolie legen. Von der Limette Anfang und Ende abtrennen und hauchdünne Scheiben schneiden. Den Fisch innen und außen salzen. Die Knoblauchzehen mit der Hülle in den Fisch geben und mit frischem Pfeffer würzen. Die Limettenscheiben auf dem Fisch verteilen und jeden Fisch mit einem El Olivenöl benetzen. Die Folie gut verschließen und die Pakete im vorgeheizten Backofen bei 175° ca 30 Minuten backen. Bei dem Garen auf einem Grill eine ähnliche Zeit verwenden. Dort nach 20 Minuten eine Garprobe machen.

Tipp: Dazu bunten Salat und frisches Weißbrot reichen! Ein leichter und gut temperierter Weißwein passt dazu!

Salbeiforelle

4 küchenfertige Forellen, 20 Salbeiblätter, 200 g geriebene Wurzeln, 2 Knoblauchzehen, 4 El Walnussöl, Salz, Pfeffer aus der Mühle, 8 Scheiben Bacon, 4 El zerdrückte Walnüsse, Alufolie.

Die Forellen auf je einem großen Stück Alufolie auslegen. Den Knoblauch schälen und durch die Presse drücken. Die Salbeiblätter fein zerhacken und zusammen mit Knoblauch, Öl, Salbei und Wurzelgeriebenem zu einer Paste mischen. Mit Salz und Pfeffer abschmecken. Die Paste in und auf den Fischen verteilen. Jeden Fisch mit 2 Scheiben Bacon belegen, das Paket mit Alufolie verschließen und bei 190° 40 Minuten backen. Dazu können frisches Brot und Salat gereicht werden.

Varianten: -statt Wurzeln können Zucchini- oder auch Kürbisraspeln verwendet werden.

Monikas Seelachsfilets

4 Scheiben Seelachsfilets (je ca 200 g), 2 El Zitronensaft, 2 Stangen Porree, 4 Tl Öl, 4 mittlere Tomaten, ½ Bund glatte Petersilie, 4 El Röstzwiebeln, Salz, Pfeffer aus der Mühle, Alufolie.

Die Filets nach der 4-S-Methode vorbereiten, dabei mit Zitronensaft beträufeln. Anschließend mit Salz und Pfeffer gut würzen. Den Porree in dünne Ringe schneiden. 4 30x30 cm große Stücke Alufolie abtrennen, den Lauch in der Mitte darauf verteilen und den Fisch darauf auslegen. Von den Tomaten den Strunk entfernen und würfeln. Petersilienblätter hacken und mit Tomatenwürfeln und den Röstzwiebeln vermischen. Die Mischung auf dem Fisch verteilen, die Päckchen gut verschließen und im Backofen bei 200° 25 Minuten garen.

Tipp: Dazu Pellkartoffeln reichen! Es ist besonders lecker, wenn diese vorher gepellt und mit gehackter Petersilie betreut gereicht werden.

Hechtpakete

600 g Schafskäse, 600 g Hechtfilet, 1
Gemüsezwiebel gewürfelt, 4 Tomaten, 4 El
schwarze Oliven, Salz, Pfeffer aus der Mühle,
Oregano, Alufolie.

Den Fisch waschen, abtropfen lassen und in
kleine Würfel schneiden.

4 Stücke Alufolie von je 30 x 30 cm abtrennen.
Den Käse würfeln und darauf verteilen. Die
Tomaten in Scheiben schneiden und zusammen
mit den Fischwürfeln, Zwiebeln und Oliven
gleichmäßig verteilen. Mit Salz, Pfeffer und
Oregano würzen und die Pakete verschließen.

Im vorgeheizten Backofen bei 175° 45 Minuten
backen.

<u>Tipp:</u> Dazu Fladenbrot reichen!

Knoblauchforelle

4 kleine Küchenfertige Forellen von je ca 350 g, 12 Knoblauchzehen, Salz, weißer Pfeffer aus der Mühle, 4 kleine Zweige Rosmarin, 125 g Butter, 4 El gehobelte Mandeln, Alufolie.

Die Forellen gründlich abspülen und trockentupfen. Den Knoblauch abziehen und in Scheiben schneiden. Die Forellen auf ausreichend große Stücke Folie auslegen. Gut von innen und außen salzen. Die Rosmarinzweige innen einlegen. Den Knoblauch innen und außen verteilen. Die Butter dünn schneiden und oben auflegen. Von oben pfeffern und mit Mandeln bestreuen. Die Pakete gut verschließen und im Backofen bei 200° 35-40 Minuten backen.

Tipp: Dazu passen Salzkartoffeln!

Besonders lecker auch: Ein selbstgebackenes Hefeweißbrot mit reichlich getrockneten und gewürfelten Tomaten!

Bohnen-Garnelen-Päckchen

600 g grüne Bohnen, Salz, weißer Pfeffer aus der Mühle, 8 rohe große Garnelen, Saft von 1 Limette, 2 Knoblauchzehen gehackt, 3 Zwiebeln in Ringen, 4 El Mangochutney, ½ Tl grüne Curry-Paste, 4 El Öl, Alufolie.

Die Bohnen putzen, in mundgerechte Stücke schneiden und in etwas Salzwasser 5 Minuten blanchieren. Die Garnelen auspulen und in 2 El Öl mit Knoblauch und Limettensaft eine halbe Stunde marinieren. Zwiebeln in 2 El Öl glasig dünsten und mit Currypaste vermischen. Bohnen mit Zwiebelmischung und Chutney vermengen und mit Salz und Pfeffer abschmecken. Die Bohnenmischung auf 4 große Stücke Alufolie verteilen. Die Garnelen mit Knoblauchöl darauf verteilen und die Päckchen verschließen. Bei 180° 15-20 Minuten garen.
Dazu frisches Weißbrot reichen!

__Tipp:__ Auf 8 Päckchen verteilt ist das Gericht eine tolle Vorspeise!

Gepfefferte Päckchen

4 Pfeffermakrelenfilets (je ca 150 g), 400 g geraspeltes Kürbisfleisch, 1 Zitrone, 300 ml Sahne, 8 Wacholderbeeren, weißer Pfeffer, Salz, gerebelter Thymian, 2 Lorbeerblätter, 3 El Gin, Alufolie.

Die Zitrone in Scheiben schneiden. 4 Stücke Alufolie abtrennen, das Kürbisfleisch darauf verteilen und den Fisch auflegen. Jeden Fisch mit einer Zitronenscheibe belegen, die Päckchen verschließen und bei 180° im Backofen 20 Minuten garen.
In einem Mörser die Wacholderbeeren zerkleinern und zusammen mit dem Thymian, der Sahne und den Lorbeerblättern in einem Topf erhitzen. Den Gin zugeben und alles 10 Minuten leicht reduzieren. Durch ein Sieb geben, mit wenig Salz und Pfeffer abschmecken. Die Sauce zum Fisch servieren.

Tipp: Dazu frisches, leichtes Graubrot servieren!

Eingepackter Hornhecht

1 kg Hornhecht, 2 unbehandelte Limetten, 2 Zwiebeln, Salz, weißer Pfeffer aus der Mühle, Olivenöl, Zitronenmelisse, Alufolie

Die Hornhechte waschen, reinigen und auf ausgelegter Alufolie verteilen. Dabei die Portionen möglichst auf die Anzahl der Personen abstimmen.

Die Fische salzen und mit weißem Pfeffer bestreuen. Zitronenmelisseblätter auf und in den Fischen verteilen. Die Limetten in hauchdünne Scheiben schneiden und je eine halbe auf jeder Portion Fisch verteilen.
Die Zwiebeln schälen, und in Spalten schneiden. Eine halbe Zwiebel auf jede Portion Fisch auflegen. Die Pakete mit Olivenöl angießen und gut verschließen. Im Ofen bei 190° ca 25 Minuten backen.

Muscheln, Austern & Co

Überbackene Austern

16 Austern, 2 Bund glatte Petersilie, 125 g Butter, Salz.

Die Austern gut waschen und abbürsten. Mit einem Messer öffnen und die gefüllten Hälften auf ein Backblech legen.
Die Butter in der Mikrowelle auf kleinster Stufe etwas enthärten, aber nicht flüssig werden lassen. Die Petersilie waschen, gut abtropfen und die Blätter von den Stängeln zupfen. Die Blätter grob mit einem Messer zerhacken, anschließend zur Butter geben und mit einem Passierstab zu einem glatten, grünlichen Brei passieren. Mit wenig Salz abschmecken, da die Austern auch noch etwas mitbringen. Die Butter auf den Austern verteilen und im vorgeheizten Backofen bei 180° 10 Minuten backen.

Tipp: Dazu frisches Baguettebrot reichen!

Diese einfache, aber sehr geschmackvolle Zubereitungsweise kommt aus Südfrankreich!

Muschelsalat

1 kg Miesmuscheln, 1 Kopf Friseesalat, 250 g Lauchzwiebeln, 1 Bund Dill, 1/8 l trockener Weißwein, 2 El Öl, Salz, 200 g Möhren geraspelt, 2 Zwiebeln gewürfelt, 4 Lorbeerblätter, 1 Tl Senf, 100 Mayonnaise, 1 Becher Sahnejoghurt, 100 g deutscher Kaviar.

Muscheln gut abspülen und abbürsten. Die grünen Teile der Lauchzwiebeln grob hacken, die hellen Teile in feine Ringe schneiden. Das Öl in einen Topf geben, Zwiebeln und Lauch glasig dünsten und mit dem Wein und 1 Tasse Wasser ablöschen. Die Muscheln mit Lorbeerblättern zugeben, abdecken und 12 bis 14 Minuten bei hoher Hitze dünsten. Wenn sich die Muscheln geöffnet haben, sind sie gar! Muscheln aus der Schale lösen und zur Seite legen. Den Salat in eine Schale geben, putzen, grob zerpflücken und Möhren und Lauchringe darüber geben und die Muscheln verteilen. Die Mayonnaise mit Senf und Sahne glattrühren. Den Kaviar untermengen und die Sauce über dem Salat verteilen!

Muscheln in Weißweinsauce

2,5 kg Muscheln, 6 El Olivenöl, 4 Zwiebeln, ½ l Weißwein, 1 Becher Sahne, Salz, Pfeffer.

Die Muscheln ausgiebig waschen und abbürsten. Die Zwiebeln schälen und grob würfeln.

Das Olivenöl in einem großen Topf erhitzen. Die Zwiebeln darin glasig dünsten. Mit dem Wein und der Sahne ablöschen. Salz und Pfeffer zugeben. Die Muscheln zugeben und mit der Sauce vermengen. Bei mittlerer Hitze den Topf abdecken, und ab und zu die Muscheln schwenken oder auch umrühren.

Wenn sich die Muscheln geöffnet haben noch 6 Minuten nachdünsten.

Tipp: In 4 passenden Schüsseln mit frischem Weißbrot anreichen!

Muscheln in pikanter Sauce

2,5 kg frische Muscheln, 1 kg reife Tomaten, 2 El Tomatenmark, 1 Tasse Brühe, Salz, Chiliflocken, 10 Knoblauchzehen, 3 El Olivenöl.

Den Knoblauch abziehen und hacken. Die Tomaten würfeln. Den Strunk dabei entfernen. Die Muscheln gut waschen und abbürsten.

In einem Topf den Knoblauch mit dem Öl 2 Minuten anschwitzen. Die Tomaten zugeben und 10 Minuten köcheln lassen. Tomatenmark und Brühe zugeben. Alles gut vermengen. Mit Salz und Chiliflocken abschmecken. Es darf gerne auch eine leichte Schärfe sein.

Die Muscheln zugeben und in der Sauce schwenken und umrühren. Den Topf abdecken und in regelmäßigen Abständen immer wieder umrühren. Wenn sich die Muscheln geöffnet haben noch 6 Minuten nachdünsten!

Tipp: Dazu Weißbrot reichen!

Muscheln in Tomaten-Sherry-Sauce

2,5 kg Muscheln, 1 Bund Suppengrün (incl. Petersilienwurzel), 100 g Zwiebeln, 1/8 l Olivenöl, 1 kleiner Zweig Rosmarin, 3 Lorbeerblätter, 2 Dosen Tomaten, Salz, gemahlene Chilischoten, ¼ l trockener Sherry.

Die Muscheln gut waschen und abbürsten. Das Suppengrün putzen und in feine Würfel schneiden. Zwiebeln abziehen und würfeln. Die Rosmarinnadeln abzupfen und grob zerhacken. Das Öl in einen Topf geben und darin das Suppengemüse und die Zwiebelwürfel gut andünsten. Die Tomaten zum Gemüse geben und mit einem Kartoffelstampfer zerdrücken. Rosmarin, Lorbeerblätter und Sherry zugeben und 10 Minuten köcheln lassen. Mit Chili und Salz abschmecken, die Muscheln zugeben und bei geschlossenem Topf dämpfen. Die Muscheln ab und zu wenden. Wenn Sie geöffnet sind, noch 6 Minuten nachdünsten und mit dem Sud servieren.

Tipp: Dazu Knoblauchbrot servieren!

Muschelragout

2 kg frische Miesmuscheln, ¼ l trockener
Weißwein, 4 Lorbeerblätter, 1 Tl schwarze
Pfefferkörner, 150 g Zwiebeln gewürfelt, 2 Bund
Dill, 60 g Butter, 4 El scharfer Senf, 6 El Sahne,
25 g Mehl, Salz.

Muscheln gründlich abspülen und abbürsten.
Weißwein, Lorbeerblätter und Pfefferkörner in
einem Topf zum Kochen bringen. Muscheln
zugeben und zugedeckt 10 Minuten garen.
Muscheln in ein Sieb geben, dabei den Sud
auffangen. Das Muschelfleisch aus den Schalen
lösen. Den Dill von den Stielen zupfen und
hacken. 3/8 l Muschelsud bemessen. Butter in
einem Topf zerlassen, Zwiebeln andünsten, das
Mehl einrühren und unter ständigem Rühren
den Sud zugeben. Senf und Sahne einrühren
und mit wenig Salz abschmecken. Die Muscheln
zugeben und in der Sauce leicht erhitzen. Mit
gehacktem Dill bestreuen und servieren.

Tipp: Dazu eine Wildreismischung und einen
Salat servieren!

Amerikanische Austern

50 g Mehl, 50 g Semmelbrösel, je ½ Tl schwarzer Pfeffer, Salz, Cayennepfeffer und Thymian, 2 Eier, 2 El Milch, 2 Dutzend Austern, Butter zum Braten, Zitronensaft.

Die Austern aus der Schale lösen, waschen und mit einem Küchenkrepp trockentupfen. Mehl, Semmelbrösel, Pfeffer, Salz, Cayennepfeffer und Thymian gut miteinander vermischen. Eier und Milch aufschlagen. Die Austern in der Panade, dann in der Eiermilch und dann noch einmal in der Panade wenden. In der heißen Butter goldgelb ausbacken.
Mit Zitronensaft beträufeln.

Tipp: Dazu frisches Ciabattabrot und einen kleinen Salat für jeden Gast reichen. Einen frischen Weißwein dazu servieren!

Irisches Hähnchensteak

4 Hähnchenbrustfilets von je ca 150 g, 200 g
frischer Lachs, 1 El geriebene Zitronenschale, 1 Tl
Dill, 1 Schalotte gewürfelt, 2 El Butter, 12
ausgelöste Jacobsmuscheln, 200 g
Partygarnelen, 5 El Creme double, 4 El Gin, Salz,
Pfeffer, 1 Kg Kartoffeln, 6 El Sahne, 4 Eigelb, 4
Eiweiß, Salz, Pfeffer und frischer Muskat.

Den Lachs enthäuten, entgräten, in Streifen
schneiden und mit Zitronenschale mischen. In
die Hähnchenbrustfilets eine Tasche schneiden.
Den Lachs mit Dill und Schalottenwürfeln
mischen und mit Salz und Pfeffer leicht würzen.
Die Füllung in die aufgeschnittenen Taschen
geben und mit Holzspießen gut verschließen.

Die Kartoffeln schälen und in Salzwasser weich
kochen. Das Wasser abgießen, die Kartoffeln gut
abdampfen lassen und mit einem
Kartoffelstampfer zu einem Brei zerdrücken. Das
Eiweiß steifschlagen. Das Eigelb mit der Sahne
unter die Kartoffelmasse rühren und den Brei
mit Salz, Pfeffer und frischer Muskatnuss

abschmecken. Eine feuerfeste Form etwas
ausfetten und unter den Brei die Eiweißmasse
ziehen. Die Kartoffelmasse locker in die Form
geben und bei 200° 25 Minuten überbacken.

Die Butter in einer beschichteten Pfanne
zerlassen und bei mittlerer Hitze die gefüllten
Filets 10-12 Minuten braten, herausnehmen und
warm halten. Die Jacobsmuscheln und die
Garnelen in die Pfanne geben und 5 Minuten
leicht dünsten. Kurz herausnehmen, den Sud
mit Gin ablöschen und die Creme double
einrühren. Die Sauce mit Salz und Pfeffer
abschmecken und Muscheln und Garnelen
wieder zufügen.

Den Kartoffelflan in 4 gleiche Portionen auf die
Teller geben, das Fleisch darauf drapieren und
die Muschelsauce verteilen.

Sehr lecker und etwas ganz Besonderes!

Gut vorzubereiten!

Sommerküche

Curryspieße (4-6 Personen)

700 g frische Lachsfilets, 20 Garnelen (geschält),
1 große Zwiebel, 2 Limetten, 1 El Curry, 1 Stück
frischer Ingwer (3cm), 1 Knoblauchzehe, Salz, 5
El Sesamöl, Schaschlikspieße.

Den Lachs würfeln. Von einer Limette die Schale
abreiben. Beide Limetten auspressen und die
Fischwürfel im Saft 15 Minuten marinieren. Die
Zwiebel schälen und in grobe Stücke zerteilen.
Den Ingwer schälen und fein reiben. Den
Knoblauch abziehen und durch eine
Knoblauchpresse drücken. Limettenschale, Curry,
Ingwer, Knoblauch, Öl und Salz vermengen.
Auf die Holzspieße im Wechsel Lachs,
Zwiebelstücke und Garnelen aufspießen. Die
Spieße auf einer Platte auslegen und mit der
Ölmarinade bepinseln.
Die Spieße auf einem Grill von allen Seiten
garen.

Tipp: Kann auch im Backofen gegart werden.
Für ein Hauptgericht etwas Reis dazu reichen!

Seezungenspieße

600 g Seezungenfilet, Saft und Schale von einer Zitrone, Salz, 150 g kleine Cocktailtomaten, 250 g kleine Zucchini, 3 Schalotten, 3 Knoblauchzehen, 5 El Olivenöl, 1 kleines Bund frisches Basilikum, Holzspieße.

Das Fischfilet vorbereiten (SSSS) und anschließend in Würfel schneiden. Zucchini in Scheiben schneiden. Die Schalotten schälen und in grobe Stücke zerteilen. Den Knoblauch abziehen. Die Basilikumblätter abzupfen reinigen und zusammen mit etwas Salz, Knoblauch und Öl in ein kleines Gefäß geben. Mit einem Passierstab zu einem feinen Brei pürieren.
Die Fischwürfel im Wechsel mit Schalotten, Tomaten und den Zucchinischeiben aufspießen. Mit der Paste bepinseln, noch einige Minuten ziehen lassen und im Anschluss bei mittlerer Temperatur grillen.

Tipp: Reichen Sie frisches Ciabattabrot und einen leichten Landwein dazu!

Shrimps-Spieße

16 Shrimps, 4 Knoblauchzehen, 4 Zweige glatte Petersilie, 200 ml Olivenöl, Salz, Pfeffer aus der Mühle, 4 Salbeiblätter, 1 Zweig Thymian, ½ Bund Schnittlauch, Holzspieße.

Die Shrimps aus der Schale lösen. Den Knoblauch abziehen und fein hacken. Die Petersilienblätter, Salbei und Thymianblätter hacken. Schnittlauch in feine Röllchen schneiden.

Knoblauch, Öl, Salbei, Thymian, Petersilie und Schnittlauch in einer Schale vermischen und mit Salz und Pfeffer würzen. Die Shrimps untermengen, die Schale abdecken und alles eine Nacht im Kühlschrank durchziehen lassen.

Je 4 Shrimps auf Spieße ziehen und von beiden Seiten grillen!

Tipp: Dazu Weißbrot reichen!

Ratatouille mit Kräuterpaste

Ratatouille: 4 Knoblauchzehen, 2 kleine Chilischoten, 2 Zwiebeln, 2 El Olivenöl, 600 g Victoria-Seebarschfilet, 1El Zitronensaft, 1 El Rosmarin, 1 grüne und 1 rote Paprikaschote, 250 g Auberginen, 250 g Zucchini, 350 g reife Tomaten, Instantbrühe, Salz, Pfeffer aus der Mühle.

Kräuterpaste: 1 Bund glatte Petersilie, 1 Bund Dill, 1 Bund Basilikum, 1 Bund Thymian, 2 Stiele Estragon, 1 El Rosmarinnadeln, 5 Salbeiblätter, Salz, Pfeffer, 2 Knoblauchzehen, ½ Tl abgeriebene Zitronenschale, 6 El Olivenöl.

Für einen reibungslosen Arbeitsablauf erst die Paste zubereiten. Dafür die Kräuter vorsichtig abbrausen, die Blätter von den Stielen zupfen und mit einem Küchenkrepp trockentupfen. Alternativ dazu eine Salatschleuder nutzen. Den Knoblauch abziehen und fein hacken. Kräuter mit Knoblauch, Zitronenschale und Olivenöl in einen Mörser geben und zu einem feinen Brei verreiben. Mit Salz und Pfeffer abschmecken.

Für das Ratatouille den Fisch säubern, salzen, mit Zitronensaft säuern und 15 Minuten stehen lassen.

Den Knoblauch abziehen und fein hacken. Die Chilischoten im Backofen übergrillen, die Haut abziehen und das Fleisch würfeln. Die Zwiebeln abziehen, halbieren und in ½ cm dünne Ringe schneiden. Paprikaschoten waschen, putzen und in kleine längliche Streifen schneiden. Aubergine waschen, putzen und in 1 cm kleine Würfel schneiden. Zucchini waschen, putzen und in Würfel schneiden. Von den Tomaten den Strunk auslösen und würfeln. Das Öl in einer Wok-Pfanne erhitzen und den Knoblauch und die Zwiebeln darin glasig dünsten. Chili, Paprika, Tomaten, Aubergine und Zucchini zugeben und 10 Minuten bei mittlerer Hitze dünsten. Mit Brühe abschmecken. Den Fisch abtropfen und in mundgerechte Stücke schneiden. Das Gemüse in den Pfannenrand rücken und den Fisch in die Mitte geben. Die Hitze ein wenig reduzieren, die Pfanne abdecken und 10 Minuten dünsten. Das Ratatouille mit der Kräuterpaste anreichen.
Tipp: Dazu Weißbrot reichen!

Ingeborgs Flusskrebsparty

60 frische Flusskrebse, 2-3 Bund frischer Dill,
2-3 Flaschen Bier, Salz, Zitronenscheiben.

Am Vortag: Einen großen Topf mit 4,5 l Wasser befüllen und zum Sieden bringen. Den Dill mit Stängeln grob zerteilen und zusammen mit dem Bier und Salz zum Wasser dazu geben. Die Krebse zugeben und einige Minuten sieden lassen. Den Topf vom Herd nehmen und alles bis zum kommenden Tag im Sud auskühlen lassen.

Am nächsten Tag werden die Krebse auf Platten dekoriert mit Zitronenscheiben angereicht.

Tipp: Dazu frisches Weißbrot, etwas grünen Salat und einen gut temperierten Weißwein reichen!

Ein Essen, das Laune macht! Auch mit vielen Gästen, besonders an einem lauen Sommerabend, gemütlich bei Kerzenschein!

Scampipfanne (2 Personen)

20 Scampis, 6 Knoblauchzehen, 125 ml Olivenöl, 6 getrocknete Tomaten, Salz, Pfeffer, frisch gehackte Petersilie, frisches Chiabatta-Brot.

Den Knoblauch schälen und fein hacken. Die Scampis auspulen. Tomaten fein würfeln. Knoblauch, Tomatenwürfel, Olivenöl und Scampis vermischen und für 4 Stunden marinieren. Das Gemisch in eine Pfanne geben und bei mittlerer Hitze garen. Nach ca. 10 Minuten mit Petersilie bestreuen und das Gericht in der Pfanne servieren. Das Brot in Scheiben schneiden und zum Dippen dazu anreichen.

Tipp: Je nach Geschmack noch einen frischen Salat dazu reichen!

Karibisches Kabeljausteak

6 El frischer Limettensaft, 4 El Olivenöl, 4 Knoblauchzehen, 1 Chilischote, 4 Kabeljausteaks von mindestens 2 cm Dicke.

Die Chilischote im Backofen übergrillen, die Haut abziehen und das Mark fein zerkleinern. Dabei unbedingt Einweghandschuhe benutzen! Den Knoblauch abziehen und durch eine Knoblauchpresse drücken. Den Limettensaft mit Olivenöl, Knoblauch und Chilimark gut vermischen. Den Fisch damit bestreichen und auf einem Grill von beiden Seiten 10 Minuten garen und dabei immer wieder mit der Marinade bepinseln.

Extra Tipps für Beilagen: Eine ganze, sehr süße, geschälte und gebackene Ananas servieren! Oder: 2 Paprika, putzen, übergrillen, häuten, in Streifen schneiden. 3 Knoblauch-zehen in dünnen Scheiben über Nacht mit Paprika und Chili in Öl einlegen. 2 Tassen gegarter Couscous mit Gemüse mischen und würzen. Lecker!

„Sardellen-Zucchini"

4 mittlere Zucchini (ca 1 kg), 20 schwarze Oliven ohne Kern, 14 Sardellenfilets, 2 gewürfelte Zwiebeln, 5 El Semmelbrösel, 1 Tl Oregano, Pfeffer, 2 El Olivenöl, 150 ml Weißwein.

Die Zucchini putzen, längs halbieren und das weichere Fleisch auslösen und würfeln. Die Oliven hacken und ebenso 8 Sardellenfilets. Zucchinifleisch mit Oliven, gehackten Sardellen, Zwiebeln 3 El Semmelbröseln und Oregano zu einer homogenen Masse verkneten. 2 El Semmelbrösel in den Zucchinihälften verteilen, die Füllung gehäuft hineingeben und in eine feuerfeste Form setzen. Mit Weißwein angießen und bei 190° 35 Minuten backen. Nach 20 Minuten mit Olivenöl beträufeln. Die restlichen Sardellenfilets längs halbieren und vor dem Servieren auflegen.

Lässt sich gut vorbereiten!

Tipp: Dazu frisches Weißbrot reichen!

Rezeptregister

Hauptmahlzeiten

Ofenzauber

Karpfenvariationen

„Eingepacktes" für Grill und Ofen

Muscheln, Austern & Co

Sommerküche